Art. 1 Abs. 1 GG als Grundrecht

Europäische Hochschulschriften

Publications Universitaires Européennes
European University Studies

Reihe II
Rechtswissenschaft

Série II Series II
Droit
Law

Bd./Vol. 4688

PETER LANG
Frankfurt am Main · Berlin · Bern · Bruxelles · New York · Oxford · Wien

Sarah Tornow

Art. 1 Abs. 1 GG als Grundrecht

PETER LANG
Internationaler Verlag der Wissenschaften

Bibliografische Information der Deutschen Nationalbibliothek
Die Deutsche Nationalbibliothek verzeichnet diese Publikation in der Deutschen Nationalbibliografie; detaillierte bibliografische Daten sind im Internet über <http://www.d-nb.de> abrufbar.

Zugl.: Kiel, Univ., Diss.,2007

D 8
ISSN 0531-7312
ISBN 978-3-631-57248-1

www.peterlang.de

Meinen Eltern

Vorwort

Diese Arbeit wurde der Rechtswissenschaftlichen Fakultät der Christian-Albrechts-Universität zu Kiel im April 2007 als Dissertation vorgelegt. Die mündliche Prüfung fand am 10. Dezember 2007 statt.

Ganz herzlich möchte ich mich bei meinem Doktorvater, Herrn Prof. Dr. Edzard Schmidt-Jortzig, bedanken, der mich über die gesamte Zeit wohlwollend betreut hat. Herrn Prof. Dr. Robert Alexy danke ich für die zügige Erstellung des Zweitgutachtens.

Danken möchte ich außerdem meinen Eltern, die mich während meines Studiums und der Promotion stets unterstützt haben.

Hamburg, im Dezember 2007

Inhaltsverzeichnis

Einleitung

Art. 1 Abs. 1 GG verbürgt den Schutz der Menschenwürde an prominentester Stelle unseres Grundgesetzes. Die Stellung der Norm im Verfassungsgefüge sowie ihre besondere normative Struktur werfen seit jeher Fragen auf. Zum einen ist umstritten, ob es sich bei Art. 1 Abs. 1 GG um ein Grundrecht handelt. Insoweit wird zwar zum Teil darauf verwiesen, dass es auf diese konkrete Fragestellung eigentlich gar nicht ankomme, da der Schutz der Menschenwürde ohnehin umfassend gewährleistet werde.[1] Allerdings kann dies angesichts der sich gerade in den letzten Jahren stellenden neuen Herausforderungen für die Menschenwürdenorm nicht zutreffen. Denn soweit die Grundrechtsqualität der Norm angenommen wird, führt dies doch zu Konsequenzen, die sich erheblich von denen unterscheiden, die aus der Annahme der lediglich objektiv-rechtlichen Natur der Norm folgen. Hieran schließt sich dann auch eine weitere Problematik an, die darin liegt, dass die inhaltliche Konkretisierung der Norm nicht einheitlich beurteilt wird. Fraglich ist daher, inwieweit ein zeitgemäßer Interpretationsansatz gefunden werden kann. Diese Arbeit beschäftigt sich folglich zunächst mit der Frage nach dem Grundrechtscharakter des Art. 1 Abs. 1 GG. Daran anschließend wird es um eine Evaluierung der vertretenen Interpretationsansätze gehen.

---

1 *Dreier*, in: Seelmann, Menschenwürde als Rechtsbegriff, 33 (34).

1. Teil: Die Entstehungsgeschichte des Art. 1 Abs. 1 GG

Im ersten Teil dieser Arbeit soll aufgezeigt werden, wie der Würdeschutz Einzug in das Grundgesetz der Bundesrepublik Deutschland gefunden hat. In diesem Zusammenhang ist vorab eine kurze Darstellung der Entwicklung der Würde als Rechtsbegriff vorzunehmen, bevor dann auf die verfassungsgeschichtliche Entstehung einzugehen ist.

I. Die Entwicklung der Würde als Rechtsbegriff

Bevor man also das Augenmerk auf diejenigen Ereignisse richten kann, welche unmittelbar zur Entstehung der Menschenwürdenorm im Grundgesetz führten, sind einige wichtige Daten der Geschichte zu nennen, anhand welcher sich die Entwicklung des Rechtsbegriffs „Würde" aufzeigen lässt. Mithin geht es um eine Darstellung des Einzugs des Würdebegriffs in rechtliche Dokumente. Es sind sowohl internationale als auch nationale Ereignisse zu beleuchten, denen große Bedeutung für die Entwicklung der Würde zum Rechtsbegriff zukommt.

1. Die klassischen Menschenrechtserklärungen

Als die klassischen Menschenrechtserklärungen der Neuzeit sind die Virginia Bill of Rights vom 12. Juni 1776 und die französische Erklärung der Menschen- und Bürgerrechte vom 26. August 1789 zu nennen. Zwar wurde durch diese Menschenrechtserklärungen die Idee, subjektive Rechte zu gewähren, vorangetrieben, hinsichtlich der Verbürgung eines subjektiven Rechts auf Würde ist allerdings festzustellen, dass die Würde als Rechtsbegriff noch nicht so weit entwickelt war, um als rechtliche Verbürgung aufgenommen zu werden. So enthielt die Virginia Bill of Rights überhaupt keine Erwähnung der Würde. In der französischen Erklärung der Menschen- und Bürgerrechte findet sich zwar in Art. 6 Satz 4 der Begriff „dignités", jedoch werden dadurch nur „Ämterwürden", also eine bestimmte amtliche Stellung bezeichnet.[2] Folglich enthielt keines der Dokumente eine Normierung des Schutzes der Würde.[3]

2. Die Paulskirchenverfassung

Ein erster Schritt in Richtung einer verfassungsrechtlichen Menschenwürdegarantie im deutschen Raum wurde im Zuge der Nationalversammlung des Deutschen Reiches von 1849 getan. Die, allerdings von vornherein obsolete, so genannte Paulskirchenverfassung sah zwar keine Menschenwürdegarantie vor, jedoch hatte sich das Gremium mit dem Antrag des Abgeordneten *Mohr* zu beschäftigen, wonach um der Sicherung des Glücks willen, die Gesellschaft jedem „ein der Würde und dem Wesen des Menschen entsprechendes Dasein" verbürgen sollte. Dieser Antrag war darauf gerichtet, der Paulskirchenverfassung einen entsprechenden Artikel voranzustellen und somit als Staatszweck festzuschreiben. Eine Zustimmung hierzu kam jedoch nicht zustande.[4] Weiterhin wurde die Menschenwürde im Rahmen der Begründung zu § 139 der Paulskirchenverfassung thematisiert. § 139 normierte Strafverbote und hierzu wurde unter anderem angeführt, dass „ein freies Volk selbst bei einem Verbrecher die Menschenwürde zu achten habe".[5]

Mit dem Antrag *Mohrs* wurde demnach erwogen, eine rechtliche Verbürgung der Würde in ein Verfassungsdokument aufzunehmen. Damit war die Würde bereits zu einem Begriff geworden, dessen Aufnahme in ein rechtliches Dokument als möglich erschien. Allerdings wurden mit dem Gedanken an die Aufnahme einer Würdegarantie noch nicht hauptsächlich menschenrechtliche Aspekte, wie etwa die Sicherung vor grausamen Verbrechen, verfolgt. Vielmehr sollte die Würde als Staatszweck im Zusammenhang mit der Sicherung des Glücks und einem würdigen Dasein aufgenommen werden. Dass der menschenrechtliche Aspekt der Würde bekannt war, zeigt jedoch die Begründung zu der Normierung der Strafverbote in § 139, worin die Würde als Recht verstanden wurde, welches es zu achten galt. Dieses Recht sollte jedem Menschen, eben auch dem Verbrecher zukommen. Hiermit lässt sich also bereits ein menschenrechtliches Würdeverständnis zu Zeiten des Deutschen Reiches dokumentieren.

---

2 *Dreier*, in: ders., Grundgesetz, Band I, Art. 1 I, Rn. 17.
3 *Stern*, Staatsrecht, Band III/1, S. 15.
4 *Stern*, Staatsrecht, Band III/1, S. 15 f.
5 *Stern*, Staatsrecht, Band III/1, S. 16.

3. Die Weimarer Reichsverfassung

Ein weiterer historischer Meilenstein ist im Jahre 1919 mit der Schaffung der Weimarer Reichsverfassung zu verzeichnen. Hier kam es dann erstmalig zu der Normierung einer Würdegarantie in einer deutschen Verfassung.[6] So lautete Art. 151 WRV: „Die Ordnung des Wirtschaftslebens muss den Grundsätzen der Gerechtigkeit mit dem Ziele der Gewährleistung eines menschenwürdigen Daseins für alle entsprechen. In diesen Grenzen ist die wirtschaftliche Freiheit des einzelnen zu sichern."[7]

Aus dem Wortlaut der Norm ergibt sich bereits, dass es sich auch hier nicht um eine Menschenwürdegarantie im Sinne einer menschenrechtlichen Verbürgung handelte, sondern vielmehr ein Bezug zur Wirtschaft hergestellt werden sollte.[8] Ferner folgt der wirtschaftliche Bezug der Normierung aus der systematischen Stellung des Art. 151 WRV im zweiten Hauptteil der Verfassung mit dem Titel „Grundrechte und Grundpflichten der Deutschen" und dort als einleitender Artikel des fünften Abschnitts „Das Wirtschaftsleben".[9] Damit kam Art. 151 WRV die Funktion des obersten Prinzips der sozialen Grundrechte der Weimarer Reichsverfassung zu,[10] wobei die Norm – unabhängig von ihrer Bezeichnung als Grundrecht – lediglich als Programmsatz fungierte, dabei aber keinerlei rechtliche Bindungswirkung entfaltete.[11]

4. Dokumente der Vereinten Nationen

Weiterhin sind auch die internationalen Entwicklungen zwischen 1945 und 1948 nicht außer Acht zu lassen. Große Bedeutung kommt daher der normativen Festschreibung der Würde in den Dokumenten der Vereinten Nationen zu. Am 26. Juni 1945 nahm die United Nations Conference on International Organisation die Charta der Vereinten Nationen an. In diesem wichtigen völkerrechtlichen Dokument findet sich in der Präambel eine Erwähnung der Würde in der Formulierung vom „Glauben an die Grundrechte des Menschen, an Würde und Wert der menschlichen Persönlichkeit."[12]

---

6 Vgl. *Jaber*, Über den mehrfachen Sinn von Menschenwürde-Garantien, S. 157.
7 *Jaber*, Über den mehrfachen Sinn von Menschenwürde-Garantien, S. 157.
8 *Stern*, Staatsrecht, Band III/1, S. 16, Fn. 53.
9 Zu dem Grundgedanken, der dadurch zum Ausdruck gebracht werden soll, vgl. *Jaber*, Über den mehrfachen Sinn von Menschenwürde-Garantien, S. 157.
10 *Jaber*, Über den mehrfachen Sinn von Menschenwürde-Garantien, S. 191.
11 *Jaber*, Über den mehrfachen Sinn von Menschenwürde-Garantien, S. 160 f.
12 *Stern*, Staatsrecht, Band III/1, S. 16.

Als weiteres völkerrechtliches Dokument ist die Allgemeine Erklärung der Menschenrechte vom 10. Dezember 1948 zu nennen. In der Allgemeinen Erklärung der Menschenrechte finden sich drei Erwähnungen der Würde des Menschen: zum einen in der Präambel, weiterhin in Art. 1 und schließlich in Art. 23 Abs. 3. Von Interesse sind hier allerdings die Präambel sowie der erste Artikel. In der Präambel heißt es, dass „die Anerkennung der allen Mitgliedern der menschlichen Familie innewohnenden Würde und ihrer gleichen und unveräußerlichen Rechte die Grundlage der Freiheit, der Gerechtigkeit und des Friedens in der Welt bildet." Weiterhin wird mit der Formulierung, dass „die Völker der Vereinten Nationen in der Satzung ihren Glauben an die grundlegenden Menschenrechte, an die Würde und den Wert der menschlichen Person [...] erneut bekräftigt und beschlossen haben" auf die Präambel der UN-Charta Bezug genommen.

Auch Art. 1 AEMR mit der Überschrift „Freiheit, Gleichheit, Brüderlichkeit" ist der Würde des Menschen gewidmet. Die Norm lautet: „Alle Menschen sind frei und gleich an Würde und Rechten geboren. Sie sind mit Vernunft und Gewissen begabt und sollen einander im Geiste der Brüderlichkeit begegnen."

Die UN-Charta und die Allgemeine Erklärung der Menschenrechte enthalten damit normative Festschreibungen der Würde, wobei der menschenrechtliche Bezug aus dem Wortlaut, sowie aus den historischen Umständen des Endes des Zweiten Weltkriegs deutlich wird. Insgesamt sollte der Stimmung der Nachkriegszeit Rechnung getragen werden, in welcher die Würde erstmals als das höchste Gut empfunden wurde. Es ist hervorzuheben, dass die Normierung der Würde nicht ausschließlich auf die Präambel beschränkt, sondern darüber hinaus auch in den eigentlichen Gesetzestext aufgenommen wurde, wodurch die herausragende Stellung des Würdeschutzes erkennbar wird. Aus der Erwähnung in der Präambel folgt, dass die Würde grundsätzlich anerkannt wird, also über dem Gesetzesganzen steht. Die besondere Bedeutung der Würdegarantie wird ferner durch die Normierung in Art. 1 AEMR, der prominentesten Stelle im Gesetzestext, unterstützt.

5. Die Verfassungen der Länder

Noch bevor es zur Schaffung einer gesamtdeutschen Verfassung kommen konnte, gaben sich zahlreiche Länder eine eigene Landesverfassung. So wurden in den Jahren 1946 und 1947 die Verfassungen von Bayern, Hessen und Bremen verkündet.[13] Hier wurde die Menschenwürdeklausel in einen Katalog der Grundrechte aufgenommen.[14]

Der Schutz der Menschenwürde wurde aber auch in anderen Aspekten gesichert. In den Verfassungen von Rheinland-Pfalz und dem Saarland beispielsweise wurde die Menschenwürdeklausel in die Präambel aufgenommen. Schließlich wurde die Würde auch im Zusammenhang mit Staatszielvorgaben niedergeschrieben.[15]

Somit wurde der Schutz der Würde in den Landesverfassungen stets an einem zentralen Punkt des Verfassungsganzen geregelt. Die herausragende Stellung der Würde wird dabei durch die Einfügung in die Präambel ebenso deutlich gemacht, wie die Normierung innerhalb des Katalogs der Grundrechte oder im Kontext einer Staatszielbestimmung. Folglich hat sich das menschenrechtliche Würdeverständnis auch auf nationaler Ebene gefestigt. Daneben blieb allerdings nicht verborgen, dass weiterhin auch sozialrechtliche Aspekte des Würdebegriffs bestanden und somit auch eine Normierung in eben diesem Kontext vorgenommen wurde.

6. Zusammenfassung

Im Zuge der zunehmenden normativen Gewährleistung subjektiver Rechte wurde auch die Entwicklung der Würde als Rechtsbegriff vorangetrieben. Große Fortschritte hinsichtlich der Sicherung subjektiver Rechte wurden durch die Virginia Bill of Rights und die französische Menschen- und Bürgerrechtserklärung erreicht. Die zentralen Schritte der Entwicklung der Würde als Rechtsbegriff lassen sich seit den Verhandlungen zur Paulskirchenverfassung dokumentieren. Eingang in den Text einer deutschen Verfassung erlangte die Würde jedoch erst im Rahmen der Weimarer Reichsverfassung. Die Würde wurde als Rechtsbegriff zunächst vorrangig sozialrechtlich verstanden, wobei auch schon der menschenrechtliche Aspekt erkennbar war. Eine Zäsur bildete dann der Zweite Weltkrieg, wonach, aufgrund der grausamen Erfahrungen, der menschenrechtliche Aspekt in

---

13 *Herdegen*, in: Maunz/Dürig, Grundgesetz, Band I, Art. 1 Abs. 1, Rn. 14.

14 Vgl. Art. 3 der hessischen Verfassung, Art. 100 der bayerischen Verfassung, Art. 5 Abs. 1 der Bremer Verfassung und Art. 4 der Verfassung von Rheinland-Pfalz.

15 So findet sich die Erwähnung der Menschenwürde im Zusammenhang mit sozialstaatlichen Aspekten in den Verfassungen von Hessen (Art. 27 und 30), Bayern (Art. 151 Abs. 1) und Rheinland-Pfalz (Art. 55). An anderer Stelle wird die Menschenwürdegarantie als Erziehungsziel genannt: so in Art. 131 Abs. 2 BayVerf und Art. 26 BremVerf; vgl. Häberle, in: Isensee/Kirchhof, Handbuch des Staatsrechts, Band II, § 22, Rn. 3.

den Mittelpunkt rückte. So findet sich die Würde in der UN-Charta und der Allgemeinen Erklärung der Menschenrechte losgelöst von der sozialökonomischen Verknüpfung und steht vielmehr als zentrales Leitmotiv in der Präambel der UN-Charta und in der Präambel sowie an prominentester Stelle in Art. 1 der Allgemeinen Erklärung der Menschenrechte.[16] Der Wandel im Verständnis des Rechtsbegriffs „Würde" spiegelt sich auch in den Verfassungen der Länder wider, in welchen mehrheitlich der menschenrechtliche Aspekt die Grundlage der Regelung bildet.

II. Die verfassungsgeschichtliche Entstehung des Art. 1 Abs. 1 GG

Die Aufnahme von Menschenwürdegarantien in rechtliche Dokumente, sowohl des Verfassungs- als auch des einfachen Rechts, hatte nach Ende des zweiten Weltkriegs Konjunktur. In Anbetracht der Grausamkeiten des Krieges gewann die Idee der rechtlichen Verbürgung der Menschenwürde an Bedeutung. Die entscheidenden Entwicklungen für die Entstehung des Menschenwürdesatzes des Grundgesetzes vollzogen sich nach 1945, indem der Entwurf einer Verfassung von Herrenchiemsee erging und in die Beratungen im Parlamentarischen Rat eingestiegen wurde. Die Forderung nach einem verfassungsrechtlich verankerten Menschenwürdeschutz wurde unter dem Eindruck der jüngsten Vergangenheit unisono laut.

1. Der Entwurf einer Verfassung des Konvents von Herrenchiemsee

Der erste Schritt in Richtung einer gesamtdeutschen Verfassung wurde mit der Einsetzung des Verfassungskonvents auf der Herreninsel im Chiemsee getan. Nachdem die Militärgouverneure der westlichen Alliierten die Ministerpräsidenten der Länder als Ansprechpartner für den bevorstehenden Staatsbildungsprozess ausgewählt hatten, kam man am 01. Juli 1948 in Frankfurt am Main zu einer Konferenz zusammen. Hierbei wurden die Frankfurter Dokumente an die Ministerpräsidenten übergeben und diese gleichzeitig durch Dokument I autorisiert, bis spätestens zum 01. September 1948 eine verfassungsgebende Versammlung einzuberufen. Unmittelbar nach Übergabe der Dokumente machte der hessische Ministerpräsident *Christian Stock* den Vorschlag, einen Ausschuss zur Erarbeitung eines Verfassungsentwurfs einzusetzen, so dass der verfassungsgebenden Versammlung bereits ein Papier als Grundlage ihrer Beratungen vorliegen wür-

16 So auch *Dreier*, in: ders., Grundgesetz, Band I, Art. 1 I, Rn. 20.

de.[17] Am 15. und 16. Juli 1948 folgte eine Konferenz auf dem Jagdschloß Niederwald. Aus dem Protokoll der Konferenz lässt sich entnehmen, dass der bayerische Ministerpräsident *Hans Ehard* diesen vorbereitenden Verfassungsausschuss „nach einem ruhigen Ort in Bayern" einlud.[18] Während der folgenden Sitzungen der Ministerpräsidenten am 21. sowie am 22. und erneut am 25. Juli 1948 wurde über Form und Details eines solchen Verfassungsausschusses beraten.[19]

Schließlich nahm der Konvent seine Arbeit am 10. August 1948 im Klostertrakt des säkularisierten Augustiner-Chorherrenstifts auf der Herreninsel im Chiemsee auf und die Sitzungen sollten bis zum 23. August 1948 andauern.[20] Die Aufgabe der Erarbeitung eines Verfassungsentwurfs wurde innerhalb des Konvents auf drei Unterausschüsse aufgeteilt. Insoweit gab es einen Unterausschuss für Zuständigkeitsfragen, einen für Organisationsfragen und schließlich einen für Grundsatzfragen, der sich auch mit der Aufnahme von Grundrechten in den geplanten Verfassungsentwurf zu beschäftigen hatte.[21] Die Arbeitsergebnisse der Unterausschüsse wurden dann am 23. August 1948 im Plenum beraten.[22]

Das Augenmerk soll im Folgenden insbesondere auf den Unterausschuss für Grundsatzfragen gerichtet werden, zu dessen Vorsitzenden *Josef Beyerle* berufen wurde. Als Arbeitsgrundlage diente dem Ausschuss unter anderem ein bayerischer Entwurf eines Grundgesetzes.[23] Aufgrund dieser Arbeitsgrundlage befand man sich alsbald in einem Disput über die Frage, ob die Aufnahme eines Grundrechtskatalogs in den Verfassungsentwurf überhaupt erfolgen sollte. Dies gründete darauf, dass das bayerische Papier einen Grundrechtskatalog für das Grundgesetz nicht vorsah, sondern die Verbürgung von Grundrechten gänzlich den Landesverfassungen überließ. Einigkeit bestand jedoch darin, ein klares Zeichen gegen die menschenverachtende und unwürdige Zeit des Nationalsozialismus setzen zu wollen. Nur der Weg dorthin wurde nicht einheitlich beurteilt.

Zur Lösung der kontrovers diskutierten Frage wurde eine weitere Kommission, besetzt durch *Fritz Baade*, *Gert Feine* und *Hans Nawiasky*, eingesetzt. Aufgabe dieser Kommission war es nun, im Gegensatz zu dem bayerischen Papier, einen gesamten Katalog von Grundrechten zu erarbeiten und nicht nur einen Ar-

---

17 *März/Oberreuter*, Weichenstellung für Deutschland, S. 46; *Feldkamp*, Der Parlamentarische Rat 1948-1949, S. 28; *Stern*, Staatsrecht, Band III/1, S. 140 f.

18 *März/Oberreuter*, Weichenstellung für Deutschland, S. 46; *Stern*, Staatsrecht, Band III/1, S. 141; *Wagner*, in: Deutscher Bundestag, Der Parlamentarische Rat, Band I, S. 160.

19 *Feldkamp*, Der Parlamentarische Rat 1948-1949, S. 29.

20 *Stern*, Staatsrecht, Band III/1, S. 141; *Feldkamp*, Der Parlamentarische Rat 1948-1949, S. 29.

21 *Stern*, Staatsrecht, Band III/1, S. 142.

22 *Feldkamp*, Der Parlamentarische Rat 1948-1949, S. 30.

23 *Stern*, Staatsrecht, Band III/1, S. 142 f.

tikel zu schaffen, welcher den Ländern die Grundrechtsverbürgungen auferlegte.[24] Das Produkt dieser Arbeit war in der Tat ein Grundrechtskatalog, welcher sodann in den Entwurf von Herrenchiemsee ohne weitere Abänderungen übernommen wurde.[25] Danach formulierte der Verfassungskonvent von Herrenchiemsee Art. 1 in seinem Entwurf wie folgt:

„Artikel 1

(1) Der Staat ist um des Menschen willen da, nicht der Mensch um des Staates willen.
(2) Die Würde der menschlichen Persönlichkeit ist unantastbar. Die öffentliche Gewalt ist in allen ihren Erscheinungsformen verpflichtet, die Menschenwürde zu achten und zu schützen.“[26]

Die Bedeutung des Herrenchiemseer Entwurfs für die künftige verfassungsgebende Versammlung wurde unterschiedlich beurteilt. Nach der Abschlussredaktion des Entwurfs unter der Leitung *Anton Pfeiffers*, war die bayerische Handschrift deutlich erkennbar. Dies führte zu unmittelbaren Reaktionen aus den Parteien, wie der des SPD Pressechefs *Fritz Heine*, der den Entwurf höchstens als Vorarbeit verstand, den man entweder in den Papierkorb verwerfen oder aus ihm Anregungen entnehmen könne.[27] Von solch allgemeinen Distanzierungsparolen ließ sich der bayerische Ministerpräsident *Ehard* nicht zu einem Widerspruch hinreißen. *Ehard* setzte vielmehr auf die „normative Kraft des Faktischen“, so dass für ihn einzig die Existenz des Entwurfs als Vorlage für die Arbeiten im Parlamentarischen Rat zählte. Insoweit erhoffte er sich, dass die Mitglieder des Parlamentarischen Rates gar nicht umhin kommen würden, sich mit dem Entwurf auseinander zu setzen.[28] Wie sich später herausstellte, sollte *Ehard* Recht behalten – der Einfluss des Herrenchiemseer Entwurfs auf die Arbeiten im Parlamentarischen Rat war immens.

---

24 *Stern*, Staatsecht, Band III/1, S. 143 f.

25 Dieser Katalog wurde maßgeblich durch Nawiasky geprägt, vgl. *Stern*, Staatsrecht, Band III/1, S. 144; *Jaber*, Über den mehrfachen Sinn von Menschenwürde-Garantien, S. 205 f.

26 *Bucher*, in: Deutscher Bundestag, Der Parlamentarische Rat, Band 2, S. 580.

27 *März/Oberreuter*, Weichenstellung für Deutschland, S. 48.

28 *März/Oberreuter*, Weichenstellung für Deutschland, S. 49 f.

2. Der Parlamentarische Rat

Im weiteren Verlauf des Staatsbildungsprozesses kam es zur Einsetzung des Parlamentarischen Rates als verfassungsgebendes Gremium. Die Konstituierung des Parlamentarischen Rates fand am 01. September 1948 in Bonn statt.[29]

a) Die Zusammensetzung

Die Mitglieder des Parlamentarischen Rates wurden nach dem so genannten Modellgesetz von den Landtagen der Länder gewählt.[30] Die Anzahl der Mitglieder pro Land richtete sich nach der Bevölkerungsdichte des Landes und nach den Wahlergebnissen der letzten Landtagswahl.[31] Dies führte dazu, dass auf CDU/CSU und SPD im Parlamentarischen Rat die gleiche Anzahl an Mandaten entfiel. Damit bestand der Parlamentarische Rat bei seinem ersten Zusammentreten aus 65 vollstimmberechtigten Mitgliedern und fünf nichtstimmberechtigten Berliner Abgeordneten.[32]

aa) Der Hauptausschuss und die Fachausschüsse

Der Parlamentarische Rat tagte, wie auch der Verfassungskonvent von Herrenchiemsee, in Formation verschiedener Ausschüsse. Insoweit ist zunächst der Hauptausschuss mit 21 Mitgliedern zu nennen, in welchem die Arbeit der Spezialausschüsse überwacht wurde, die Grundsatzdiskussionen geführt und schließlich auch die wichtigen politischen Entscheidungen getroffen wurden. Weiterhin wurden sechs Fachausschüsse mit je zehn bis zwölf Mitgliedern gebildet. Insoweit gab es die Ausschüsse für Grundsatzfragen, für Zuständigkeitsabgrenzung, für Finanzfragen, für die Organisation des Bundes sowie für Verfassungsgerichtshof und Rechtspflege, für Wahlrechtsfragen und schließlich den Ausschuss für das Besatzungsstatut. Die Vorgehensweise stellte sich nun so dar, dass aus den Detailarbeiten der Fachausschüsse anschließend der Hauptausschuss den Gesamtentwurf erarbeiten sollte.[33]

---

29 *Pikart/Werner*, in: Deutscher Bundestag, Der Parlamentarische Rat, Band 5/I, S. XXI. *Feldkamp*, Der Parlamentarische Rat 1948-1949, S. 46 ff.

30 *Feldkamp*, Der Parlamentarische Rat 1948-1949, S. 36.

31 *Sachs*, in: ders., Grundgesetz, Einführung, Rn. 17.

32 *Stern*, Staatsrecht, Band III/1, S. 149.

33 *Feldkamp*, Der Parlamentarische Rat 1948-1949, S. 59.

bb) Die zuständigen Ausschüsse für Grundrechtsfragen

Grundrechtsfragen wurden federführend im Ausschuss für Grundsatzfragen, in welchem nicht zuletzt die Entscheidung für eine Menschenwürdenorm getroffen wurde, und darüber hinaus auch in dem so genannten internen Redaktionsausschuss, welcher aus dem Ausschuss für Grundsatzfragen heraus gebildet wurde, behandelt. Mit besonders kontrovers diskutierten Grundrechtsfragen befasste sich außerdem der Allgemeine Redaktionsausschuss, welcher erst später, in Reaktion auf Uneinigkeiten, gebildet wurde. Aufgabe des Allgemeinen Redaktionsausschusses war es zunächst, redaktionelle Abstimmungen vorzunehmen, aber darüber hinaus setzte dieser Ausschuss auch bedeutsame inhaltliche Änderungen durch.[34]

b) Die Tagungen

Der Parlamentarische Rat nahm als verfassungsgebendes Gremium seine Arbeit am 08. September 1948 auf. Am 08. und 09. September 1948 führte das Plenum die Eingangsberatungen durch. In der Beratung am 09. September 1948 berief das Plenum die Unterausschüsse ein.[35] Zunächst sind nun das Vorgehen und die Beratungen in den Fachausschüssen, und zwar in dem Zeitraum bis zur Abfassung der Arbeitsergebnisse der Fachausschüsse zu einem ersten, wenn auch noch nicht vollständigen, Entwurfstext mit dem Stand vom 18. Oktober 1948, zu untersuchen. Hierbei kommt es auf die Arbeiten des Ausschusses für Grundsatzfragen, sowie des internen Redaktionsausschusses an.

aa) Das Vorgehen und die Beratungen in dem Fachausschuss für Grundsatzfragen

Der Ausschuss für Grundsatzfragen trat zu seiner ersten von insgesamt 36 Sitzungen am 15. September 1948 zusammen.[36] Zum Vorsitzenden wurde *Hermann von Mangoldt* (CDU) gewählt, *Georg August Zinn* (SPD) wurde sein Stellvertreter und *Theodor Heuss* (FDP) zum Schriftführer ernannt.[37]

---

34 *Sachs*, in: ders., Grundgesetz, Einführung, Rn. 18.

35 *Sachs*, in: ders., Grundgesetz, Einführung, Rn. 17; *Feldkamp*, Der Parlamentarische Rat 1948-1949, S. 56 ff.

36 *Pikart/Werner*, in: Deutscher Bundestag, Der Parlamentarische Rat, Band 5/I, S. XXI.

37 *Pikart/Werner*, in: Deutscher Bundestag, Der Parlamentarische Rat, Band 5/I, S. XXI sowie S. 1.

(1) Die zweite Sitzung

Der Ausschuss nahm seine eigentliche Arbeit während des zweiten Sitzungstages auf. Um einen guten Einstieg in die Materie zu erhalten, war es zunächst Aufgabe von *Pfeiffer* und *Carlo Schmid* einen Bericht über die Erfahrungen zu erstatten, welche während des Konvents von Herrenchiemsee gesammelt wurden, an welchem beide Berichterstatter beteiligt waren. Auf diesem Wege sollte die Arbeit strukturiert und nach Zweckmäßigkeitsgesichtspunkten die zeitliche Abfolge der Beratungen festgelegt werden.[38] *Pfeiffer* schlug vor, den Bericht von Herrenchiemsee als Besprechungsgrundlage zu nehmen, um so der Gefahr zu begegnen, dass sich die Arbeit dieses Ausschusses ins Uferlose verliere.[39] Zustimmend äußerte sich anschließend *Schmid*, der das Memorandum von Herrenchiemsee ebenfalls als passenden Leitfaden für die Arbeit im Parlamentarischen Rat begriff. Allerdings machte er weiterhin deutlich, dass es sich bei dem Herrenchiemseer Entwurf nicht um eine Vorlage handele, dieser damit keinerlei offiziellen Charakter habe. Das Memorandum sei eine Arbeitshilfe, aber nicht mehr.[40]

Pfeiffers Ausführungen zur Folge ging es offensichtlich beiden Referenten darum, eine klare Distanzierung zu den Arbeiten von Herrenchiemsee zu schaffen, insbesondere deshalb, weil beide auch Mitglieder dieses Konvents waren. Es sollte tunlichst der Eindruck vermieden werden, man wolle den übrigen Mitgliedern die Ergebnisse, die man in Herrenchiemsee erarbeitet hatte, aufdrängen.[41]

Im Anschluss daran ging man zu der Festsetzung der Beratungsthemen für den nächsten Sitzungstag über. In diesem Zusammenhang entfachte eine Diskussion darüber, ob bereits am kommenden dritten Sitzungstag die Beratungen über einen Grundrechtskatalog aufgenommen werden könnten.[42] Im Ergebnis wurde beschlossen, dass man sich bereits in der kommenden dritten Sitzung der Behandlung der Grundrechte widmen werde.[43]

Folglich diente dieser zweite Sitzungstag der Bestandsaufnahme. Die Mitglieder verschafften sich einen einheitlichen Ausgangspunkt, wobei deutlich hervorzuheben ist, dass Ministerpräsident *Ehard* der „Macht des Faktischen“ offenbar zu Recht vertraute, so dass der Entwurf von Herrenchiemsee zum zentralen Ausgangspunkt der Überlegungen wurde.

---

38 *Pikart/Werner*, in: Deutscher Bundestag, Der Parlamentarische Rat, Band 5/I, S. 3.
39 *Pikart/Werner*, in: Deutscher Bundestag, Der Parlamentarische Rat, Band 5/I, S. 5.
40 *Pikart/Werner*, in: Deutscher Bundestag, Der Parlamentarische Rat, Band 5/I, S. 6.
41 *Pikart/Werner*, in: Deutscher Bundestag, Der Parlamentarische Rat, Band 5/I, S. 5 f.
42 *Pikart/Werner*, in: Deutscher Bundestag, Der Parlamentarische Rat, Band 5/I, S. 9 ff.
43 *Pikart/Werner*, in: Deutscher Bundestag, Der Parlamentarische Rat, Band 5/I, S. 14.

(2) Die dritte Sitzung

In der folgenden dritten Sitzung des Ausschusses begann *Ludwig Bergsträsser* als Berichterstatter mit einem einleitenden Referat, mit welchem er einen Einblick in die Entstehung und Entwicklung der Grundrechte gab.[44] Im Anschluss daran stellte er seinen Entwurf eines Grundrechtskatalogs vor.[45] Der Art. 1 dieses Entwurfs enthielt die Verbürgung, dass der Mensch frei sei. Weiterhin enthielt Art. 2 des Entwurfs die Formulierung „Die Freiheit der Person ist unantastbar."[46]

In diesem Entwurf orientierte er sich nach eigenen Angaben an der ersten europäischen Formulierung von Grundrechten, nämlich der der französischen Revolution.[47] Dies wird auch erkennbar, indem sich *Bergsträsser* von den Grundgedanken der Gleichheit und Freiheit hat leiten lassen und in seinem Entwurf zwar zahlreiche Freiheitsrechte doch keine Menschenwürdenorm vorgesehen hat.[48]

Es wurde sodann in eine Diskussion über die aufzunehmenden Grundrechte übergegangen. Dabei ging man von dem Prinzip aus, dass es sich bei den Grundrechten um unmittelbares Recht handeln sollte und nicht um eine reine Deklaration.[49] Im Rahmen dieser Beratung wurde auch über die Aufnahme einer etwaigen Menschenwürdeklausel diskutiert.[50] Diese Diskussion abschließend, stellte *von Mangoldt* als Meinung des Ausschusses fest, dass der Schutz der Menschenwürde einer der wichtigsten Anliegen sei und an einer Stelle des Grundgesetzes geregelt werden müsse.[51] Weiterhin mahnte *von Mangoldt* an, dass man sich bei unstreitig aufzunehmenden Artikeln bereits den Formulierungen zuwenden müsse, um in der nächsten Sitzung voranzukommen.[52] Er deutete damit auf den straffen Zeitplan des Parlamentarischen Rates hin. Deshalb wurde schließlich ein interner Redaktionsausschuss eingesetzt, um sich der Vorbereitung der Formulierungen für die nächste Sitzung zu widmen. In diesem internen Redaktionsausschuss kamen der Vorsitzende *von Mangoldt*, sowie die Abgeordneten *Bergsträsser* und *Zinn* zusammen.[53]

---

44 *Pikart/Werner*, in: Deutscher Bundestag, Der Parlamentarische Rat, Band 5/I, S. 29; Vgl. auch *Feldkamp*, Der Parlamentarische Rat 1948-1949, S. 63.

45 *Pikart/Werner*, in: Deutscher Bundestag, Der Parlamentarische Rat, Band 5/I, S. 32, der Katalog findet sich auf S. 15 ff.

46 *Pikart/Werner*, in: Deutscher Bundestag, Der Parlamentarische Rat, Band 5/I, S. 17.

47 *Pikart/Werner*, in: Deutscher Bundestag, Der Parlamentarische Rat, Band 5/I, S. 15.

48 Vgl. *Jaber*, Über den mehrfachen Sinn von Menschenwürde-Garantien, S. 209.

49 *Pikart/Werner*, in: Deutscher Bundestag, Der Parlamentarische Rat, Band 5/I, S. 38 ff.

50 *Jaber*, Über den mehrfachen Sinn von Menschenwürde-Garantien, S. 209.

51 *Pikart/Werner*, in: Deutscher Bundestag, Der Parlamentarische Rat, Band 5/I, S. 52.

52 *Pikart/Werner*, in: Deutscher Bundestag, Der Parlamentarische Rat, Band 5/I, S. 59.

53 *Pikart/Werner*, in: Deutscher Bundestag, Der Parlamentarische Rat, Band 5/I, S. 61.

Damit bleibt festzuhalten, dass man sich bereits ganz zu Beginn auf die Notwendigkeit einer Menschenwürdenorm einigen konnte. Unklar war jedoch, wie die inhaltliche Ausgestaltung aussehen und welche rechtliche Funktion einer etwaigen Menschenwürdenorm in der deutschen Verfassung zukommen sollte.[54] Diese Unstimmigkeiten, die bereits in den ersten Diskussionen über die Aufnahme einer Menschenwürdegarantie zu Tage traten, sollten sich auch in den folgenden Tagungen fortsetzen.

(3) Die vierte Sitzung

Am 23. September 1948 kam man schließlich zu der vierten Sitzung des Ausschusses für Grundsatzfragen zusammen, welche erneut zu großen Fortschritten verhalf. Die Tagesordnung dieser Sitzung sah als ersten Punkt die Erörterung der vom internen Redaktionsausschuss formulierten Art. 1 bis 4 vor.[55] Insoweit stieg man erstmals anhand eines schriftlichen, im Rahmen des Parlamentarischen Rates entstandenen, Vorschlags in die Erläuterung einer Menschenwürdeklausel als Art. 1 Abs. 1 der künftigen Verfassung ein.

Der Vorschlag des internen Redaktionsausschusses für Art. 1 lautete:

„(1) Die Würde des Menschen ruht auf ewigen, einem Jeden von Natur aus eigenen Rechten.
(2) Das deutsche Volk erkennt sie erneut als Grundlage aller menschlichen Gemeinschaften an.
(3) Deshalb werden Grundrechte gewährleistet, die Gesetzgebung, Verwaltungs- und Rechtspflege auch in den Ländern als unmittelbar geltendes Recht binden."

Die Berichterstattung über die Beratungen im internen Redaktionsausschuss wurde zwischen den drei Mitgliedern aufgeteilt. Insoweit fiel *Bergsträsser* die Aufgabe zu, den Formulierungsvorschlag des Art. 1 zu erläutern.[56] Er hob hervor, dass man darüber einig gewesen sei, an „die Spitze der Grundrechte einige Sätze zu stellen, die Absicht, Sinn und Grund der Grundrechte ganz kurz deutlich machen." Dies sei durch den Formulierungsvorschlag zu Art. 1 versucht worden. Absatz 1 bringe zum Ausdruck, dass die Grundrechte auf staatlichen Rechten beruhten, die von Natur aus gegeben seien. Absatz 2 solle dann den Gegensatz

54 Siehe zu den rechtlichen Funktionen des Menschenwürdesatzes, welche sich aus den Verhandlungen im Parlamentarischen Rat ergeben, *Jaber*, Über den mehrfachen Sinn von Menschenwürde-Garantien, S. 212 ff.

55 *Pikart/Werner*, in: Deutscher Bundestag, Der Parlamentarische Rat, Band 5/I, S. 62 ff.

56 *Pikart/Werner*, in: Deutscher Bundestag, Der Parlamentarische Rat, Band 5/I, S. 63 ff.

gegen die zwölf Jahre der Willkürherrschaft der Nazis deutlich hervorheben. Durch Absatz 3 werde schließlich festgelegt, dass die Grundrechte unmittelbar geltendes Recht sein sollen.[57] Hiernach wurde sogleich in eine Diskussion eingestiegen. *Schmid* äußerte, dass nach seiner Ansicht Art. 1 die Generalklausel für den gesamten Grundrechtskatalog darstelle, weshalb die Fassung wohl überlegt werden müsse. Art. 1 sei in seiner systematischen Bedeutung der eigentliche Schlüssel für das Ganze.[58] Ferner fragte er, was Menschenwürde sei. Seiner Ansicht nach müsse dies definiert werden. Die Verfassung von Württemberg-Baden habe eine solche Definition zu geben versucht.[59] Hierdurch wird deutlich, dass die Definitionsproblematik schon in den frühen Beratungen des Parlamentarischen Rates Gegenstand der Diskussion war. Zu einem Ergebnis gelangte man freilich nicht.

Zum Ende der Beratung schlug *Heuss* folgende Formulierung vor: „Die Würde des menschlichen Wesens steht im Schutze der staatlichen Ordnung." Dies begründete er damit, dass der erste Satz der Verfassung das Ganze decken müsse. Daher wollte er von einem Begriff der Menschenwürde ausgehen, der theologisch, philosophisch und ethisch aufgefasst werden könnte.[60] Weiterhin habe der Ausdruck „Würde des menschlichen Wesens" eine überphysische Atmosphäre und ferner werde der Satz so in sprachlicher Hinsicht melodischer.[61] Andererseits setzten sich die Mitglieder *August Weber* und *Pfeiffer* für den Ausdruck „Würde des Menschen" ein. Nach *Pfeiffer* sei dies klarer, präziser, akzentuierter, schärfer, besser. *Weber* war der Auffassung, dass so weder das rein Biologische noch das rein Geistige hervorgehoben werde.[62]

Der Beschluss des Ausschusses für Grundsatzfragen wurde schließlich von *von Mangoldt* verkündet: „Die Würde des Menschen steht im Schutze der staatlichen Ordnung. Sie ist begründet in ewigen Rechten, die das deutsche Volk als Grundlage aller menschlicher Gemeinschaft anerkennt. Deshalb werden Grundrechte gewährleistet, die Gesetzgebung, Verwaltung und Rechtspflege auch in den Ländern als unmittelbar geltendes Recht binden."[63]

Aus den Erläuterungen *Bergsträssers* zu der Formulierung des Art. 1 durch den internen Redaktionssausschuss wird deutlich, dass gerade die prominente Stelle des ersten Artikels der Verbürgung des Schutzes der Menschenwürde vorbehalten bleiben sollte. Beachtlich ist insoweit, dass der interne Redaktionsaus-

---

57 *Pikart/Werner*, in: Deutscher Bundestag, Der Parlamentarische Rat, Band 5/I, S. 63.
58 *Pikart/Werner*, in: Deutscher Bundestag, Der Parlamentarische Rat, Band 5/I, S. 64.
59 *Pikart/Werner*, in: Deutscher Bundestag, Der Parlamentarische Rat, Band 5/I, S. 66.
60 *Pikart/Werner*, in: Deutscher Bundestag, Der Parlamentarische Rat, Band 5/I, S. 67.
61 *Pikart/Werner*, in: Deutscher Bundestag, Der Parlamentarische Rat, Band 5/I, S. 73.
62 *Pikart/Werner*, in: Deutscher Bundestag, Der Parlamentarische Rat, Band 5/I, S. 73.
63 *Pikart/Werner*, in: Deutscher Bundestag, Der Parlamentarische Rat, Band 5/I, S. 67.

schuss die Erwähnung der Menschenwürde nicht in die Präambel verschoben wissen wollte, in welcher man schließlich auch vorrangig Absicht, Sinn und Grund des Verfassungswerkes hätte kundtun können. Im Gegensatz dazu entschied man sich für eine Regelung im Rahmen der grundrechtlichen Verbürgungen. Dies ist ein Indiz für die Annahme der Grundrechtsqualität der Menschenwürdenorm. Weiterhin wurde in diesem ersten schriftlichen Entwurf des künftigen Menschenwürdesatzes ein naturrechtlicher Bezug zum Ausdruck gebracht. Darüber hinaus wurde die Einstimmigkeit hinsichtlich der menschenrechtlichen Verknüpfung des Menschenwürdesatzes deutlich. Problematisch war es danach allein, die passende Formulierung zu finden, die der allgemeinen Ansicht über den Sinn und Zweck der Norm gerecht werden würde.

(4) Die erste Lesung

Die erste Arbeitsphase des Ausschusses für Grundsatzfragen fand ihren Abschluss in der ersten Lesung dieses Ausschusses, in welcher am 18. Oktober 1948 Überschrift, Präambel und die Artikel 1 bis 32 angenommen wurden.[64] Art. 1 Abs. 1 lautete zu diesem Zeitpunkt entsprechend des Beschlusses der vierten Sitzung: „Die Würde des Menschen steht im Schutze der staatlichen Ordnung."[65]

(5) Kritische Würdigung des Entwurfs des Grundsatzausschusses durch Richard Thoma

Der durch den Ausschuss für Grundsatzfragen in erster Lesung angenommene Entwurf wurde vorab in der Tageszeitung „Die Welt" am 09. Oktober 1948 veröffentlicht. Dies veranlasste den Bonner Rechtsprofessor *Thoma* zu einer kritischen Gesamtwürdigung.[66] Im Rahmen seiner Kritik unterbreitete *Thoma* auch einen eigenen Vorschlag, nach welchem Art. 1 Abs. 1 folgenden Inhalt haben sollte: „Menschenrecht und Menschenwürde zu achten und zu beschützen ist heilige Verpflichtung aller Staatsgewalt."[67]

Die Formulierung „heilige Verpflichtung" tritt als Unterschied im Verhältnis zu dem Vorschlag des Ausschusses für Grundsatzfragen deutlich hervor. Der Wortwahl „heilige Verpflichtung" in dem bedeutenden Art. 1 der Verfassung

---

64 *Pikart/Werner*, in: Deutscher Bundestag, Der Parlamentarische Rat, Band 5/I, S. 333 ff.

65 *Pikart/Werner*, in: Deutscher Bundestag, Der Parlamentarische Rat, Band 5/I, S. 334; *Hollmann*, in: Deutscher Bundestag, Der Parlamentarische Rat, Band 7, S. 1.

66 *Pikart/Werner*, in: Deutscher Bundestag, Der Parlamentarische Rat, Band 5/I, S. 361 ff.

67 *Pikart/Werner*, in: Deutscher Bundestag, Der Parlamentarische Rat, Band 5/I, S. 363.

käme eine herausragende Stellung zu, welche für einen säkularen Staat nicht tragbar ist und insbesondere in der heutigen pluralistischen Gesellschaft zu Konflikten hätte führen können.

(6) Zusammenfassung

Der Ausschuss für Grundsatzfragen hat folglich in dem kurzen Zeitraum von nur vier Wochen einen, wenngleich noch nicht vollständigen, Entwurfstext vorgelegt. Ausgangspunkt der Beratungen waren die Erfahrungen und der Entwurf des Verfassungskonvents von Herrenchiemsee. Als Ergebnis dieser ersten Arbeitsphase hinsichtlich des künftigen Verfassungsartikels, welcher den Schutz der Menschenwürde zum Gegenstand haben sollte, lässt sich festhalten, dass es allen Mitgliedern des Ausschusses dem Zweck der Norm nach darum ging, einen Gegenpol zu der Zeit des Nationalsozialismus zu schaffen und dass die Norm ferner das gesamte Verfassungsgefüge prägen sollte. Dies sollte durch einen Katalog der Grundrechte und im Rahmen dessen insbesondere durch einen Menschenwürdesatz verwirklicht werden. Diese Intentionen wurden mit dem Vorschlag „Die Würde des Menschen steht im Schutze der staatlichen Ordnung“ umzusetzen versucht.

bb) Das Vorgehen und die Beratungen im Hauptausschuss und im Allgemeinen Redaktionsausschuss

Der Entwurf des Ausschusses für Grundsatzfragen war anschließend Gegenstand der sechsten und siebten Sitzung des Hauptausschusses, welche am 20. und 21. Oktober 1948 abgehalten wurden. Im Nachhinein wurden diese Sitzungen als erste Lesung des Grundgesetzes im Plenum gewertet. Im weiteren Verlauf der Arbeiten des Parlamentarischen Rates traten die Tätigkeiten des Hauptausschusses und des Allgemeinen Redaktionsausschusses in den Vordergrund. Allerdings tagten auch die Fachausschüsse weiterhin, wobei sich ihre Arbeit mittlerweile darauf konzentrierte, in Reaktion auf die Arbeiten des Hauptausschusses und des Allgemeinen Redaktionsausschusses Änderungsvorschläge einzubringen.[68]

(1) Die Stellungnahme des Allgemeinen Redaktionsausschusses zu den Formulierungen der Fachausschüsse

Schließlich kam es zu einer Stellungnahme des Allgemeinen Redaktionsausschusses mit dem Stand vom 10. November bis zum 05. Dezember 1948.[69] Die-

68 *Hollmann*, in: Deutscher Bundestag, Der Parlamentarische Rat, Band 7, S. VIII.
69 *Hollmann*, in: Deutscher Bundestag, Der Parlamentarische Rat, Band 7, S. 36.

ser modifizierte die in erster Lesung vom Ausschuss für Grundsatzfragen verabschiedete Fassung hinsichtlich der Formulierung des Art. 1 wie folgt: „Die Würde des Menschen zu achten und zu schützen ist heilige Verpflichtung aller staatlichen Gewalt."

Der Allgemeine Redaktionsausschuss beachtete bei seiner Formulierung mithin den Vorschlag von *Thoma*. Allerdings wurde auf die Aufnahme des Begriffs „Menschenrecht" verzichtet und ferner sprach man von „aller staatlichen Gewalt". Die Formulierung „aller staatlichen Gewalt" bringt ohne jeden Zweifel zum Ausdruck, dass alle drei Staatsgewalten gebunden werden sollen. Weiterhin hielten offenbar auch die Mitglieder des Allgemeinen Redaktionsausschusses die Aufnahme der Wendung „heilige Verpflichtung" für richtig. Erneut lässt sich bekräftigen, dass dies im Hinblick auf einen säkularen Staat zweifelhaft ist.

Weiterhin reagierte auch der Ausschuss für Grundsatzfragen auf diesen Änderungsvorschlag des Allgemeinen Redaktionsausschusses. So tagte der Ausschuss für Grundsatzfragen am 18. November 1948 in seiner 22. Sitzung. Die Tagesordnung sah die zweite Lesung der Grundrechtsartikel unter Berücksichtigung der Neufassung des Allgemeinen Redaktionsausschusses, sowie der Eingabe von *Thoma* und der Stellungnahmen der Fraktionen vor. In diesem Zusammenhang wurde auch auf die Fassung des Art. 1 eingegangen.[70] Die Mitglieder des internen Redaktionsausschusses, aber auch die weiteren Mitglieder des Ausschusses für Grundsatzfragen zeigten sich empört über die Änderungen, welche der Allgemeine Redaktionsausschuss vorgenommen hatte. Man habe ein in sich stimmiges Ganzes schaffen wollen, welches nun nicht mehr bestehe. Die Sitzung wurde mit dem Hinweis geschlossen, dass man noch manches an den Grundrechten zu besprechen und umzustellen habe.

In der nächsten Sitzung am folgenden Tage wurde die zweite Lesung der Grundrechtsartikel 1 bis 6 fortgesetzt.[71] *von Mangoldt* machte erneut deutlich, dass er mit dem Formulierungsergebnis des Allgemeinen Redaktionsausschusses nicht einverstanden sei. Daher wurde das weitere Vorgehen abgestimmt. So sollte sichergestellt werden, dass die Fassung des Ausschusses für Grundsatzfragen im Hauptausschuss beraten wird und nicht die des Allgemeinen Redaktionsausschusses.[72]

---

70 *Pikart/Werner*, in: Deutscher Bundestag, Der Parlamentarische Rat, Band 5/II, S. 584 ff.

71 *Pikart/Werner*, in: Deutscher Bundestag, Der Parlamentarische Rat, Band 5/II, S. 603 ff.

72 *Pikart/Werner*, in: Deutscher Bundestag, Der Parlamentarische Rat, Band 5/II, S. 603 f.

(2) Die erste und zweite Lesung im Hauptausschuss

Am 10. Dezember 1948 wurde vom Hauptausschuss in erster Lesung die Fassung „Die Würde des Menschen steht im Schutze der staatlichen Ordnung" angenommen, welche dann in der zweiten Lesung am 20. Januar 1949 nochmals bestätigt wurde.[73]

Folglich haben die Beratungen in der 22. und 23. Sitzung des Ausschusses für Grundsatzfragen Früchte getragen. Jedenfalls konnte man sich gegenüber dem Allgemeinen Redaktionsausschuss dahingehend behaupten, dass der eigene Vorschlag in der ersten und zweiten Lesung des Hauptausschusses angenommen wurde. Die Kritik des Allgemeinen Redaktionssauschusses an dem Vorschlag des Ausschusses für Grundsatzfragen bestand darin, dass durch diese Formulierung nicht deutlich werde, dass die Würde des Menschen der Disposition des Staates und insbesondere auch des Gesetzgebers entzogen sein sollte.[74]

(3) Die redigierte Fassung des Allgemeinen Redaktionssausschusses

Am 13. Dezember 1948 trat der Allgemeine Redaktionsausschuss erneut zusammen und einigte sich auf eine redigierte Fassung des Art. 1 Abs. 1, welche lautete: „Die Würde des Menschen ist unantastbar. Sie zu achten und zu schützen ist Verpflichtung aller staatlichen Gewalt."[75]

Der Allgemeine Redaktionsausschuss begründete seine Abänderung damit, dass die Würde des Menschen nicht nur im Schutze der staatlichen Ordnung stehen dürfe, sondern vielmehr die staatliche Gewalt in erster Linie verpflichtet sein müsse, die Würde des Menschen auch selbst zu achten.[76]

Die Reaktion des Ausschusses für Grundsatzfragen auf die Formulierung der Artikel durch den Allgemeinen Redaktionsausschuss erfolgte schließlich in der 32. Sitzung am 11. Januar 1949.[77] Man verglich die verschiedenen Fassungen und diskutierte erneut. Zunächst äußerte sich *Adolf Süsterhenn* zustimmend hinsichtlich des Vorschlags des Allgemeinen Redaktionsausschusses.[78] Im weiteren Verlauf der Diskussion wurde der Vorschlag noch vehement kritisiert. Was auch, wie *Heuss* zugab, aus einer gewissen Selbstverliebtheit in die erste, eigene Fas-

73 *Hollmann*, in: Deutscher Bundestag, Der Parlamentarische Rat, Band 7, S. 204.
74 *Hollmann*, in: Deutscher Bundestag, Der Parlamentarische Rat, Band 7, S. 204, Anm. 1.
75 *Hollmann*, in: Deutscher Bundestag, Der Parlamentarische Rat, Band 7, S. 134.
76 *Hollmann*, in: Deutscher Bundestag, Der Parlamentarische Rat, Band 7, S. 135, Anm.
77 *Pikart/Werner*, in: Deutscher Bundestag, Der Parlamentarische Rat, Band 5/II, S. 910 ff.
78 *Pikart/Werner*, in: Deutscher Bundestag, Der Parlamentarische Rat, Band 5/II, S. 912.

sung herrührte.[79] Man kam mithin zu dem Ergebnis, folgenden Vorschlag an den Hauptausschuss weiterzuleiten: „Die Würde des Menschen steht im Schutze der staatlichen Ordnung."[80]

(4) Die dritte und vierte Lesung im Hauptausschuss

Die dritte Lesung des Hauptausschusses fand schließlich am 10. Februar 1949 statt. Unter Beachtung des Vorschlags des Allgemeinen Redaktionsausschusses wurde die Formulierung „Die Würde des Menschen ist unantastbar. Sie zu achten und zu schützen ist Verpflichtung aller staatlichen Gewalt" angenommen.[81]

Die Fassung des Textes des Grundgesetzes nach der dritten Lesung im Hauptausschuss wurde durch die Militärgouverneure zum Teil abgelehnt. Dies machte eine vierte Lesung im Hauptausschuss notwendig,[82] wobei sich jedoch für Art. 1 Abs. 1 keine Änderung ergab.

(5) Zusammenfassung

In der Phase nach den Arbeiten der Fachausschüsse wurde maßgeblich in dem Hauptausschuss und dem Allgemeinen Redaktionsausschuss weiter an der Entstehung des Grundgesetzes gearbeitet. Festzuhalten bleibt, dass die heutige Formulierung des Art. 1 Abs. 1 GG in den Beratungen des Allgemeinen Redaktionsausschusses entstanden ist.

cc) Die abschließenden Lesungen im Plenum

Abschließend trat das Plenum des Parlamentarischen Rates zur zweiten und dritten Lesung zusammen. Die Militärgouverneure genehmigten den beschlossenen Text am 12. Mai 1949 und weiterhin wurde der Text vom 18. bis zum 21. Mai 1949 durch die Landtage der drei Westzonen angenommen. Daraufhin wurde das Grundgesetz für die Bundesrepublik Deutschland am 23. Mai 1949 verkündet und es trat am 24. Mai 1949 in Kraft.[83]

---

79 *Pikart/Werner*, in: Deutscher Bundestag, Der Parlamentarische Rat, Band 5/II, S. 912.
80 *Pikart/Werner*, in: Deutscher Bundestag, Der Parlamentarische Rat, Band 5/II, S. 954.
81 *Hollmann*, in: Deutscher Bundestag, Der Parlamentarische Rat, Band 7, S. 397.
82 *Hollamnn*, in: Deutscher Bundestag, Der Parlamentarische Rat, Band 7, S. X und S. 532 ff.
83 *Hollmann*, in: Deutscher Bundestag, Der Parlamentarische Rat, Band 7, S. X.

III. Zusammenfassung

Mit diesem ersten Teil der Arbeit soll ein kurzer geschichtlicher Hintergrund durch Nachzeichnung der Entwicklung der Würde als Rechtsbegriff sowie der Entwicklung der Formulierungen hin zu der heutigen Fassung des Art. 1 Abs. 1 GG geboten werden. Es bleibt die Erkenntnis, dass sich der Begriff der Würde in Deutschland seit den Verhandlungen zur Paulskirchenverfassung bis zur Schaffung des Grundgesetzes als Rechtsbegriff gefestigt hat. Während der Arbeiten im Parlamentarischen Rat sahen sich alle an dieser Thematik beteiligten Ausschussmitglieder von Beginn an in dem gemeinsamen Ziel, ein Zeichen gegen die Grausamkeiten der NS-Zeit zu setzen, vereint.

2. Teil: Art. 1 Abs. 1 GG als Grundrecht

Grundrechte sind in einer modernen Verfassung von wesentlicher Bedeutung. Die Grundrechte bieten dem Menschen und Staatsbürger ein Mindestmaß an subjektiven Rechten und dienen so der Sicherung der Rechtsstellung des Grundrechtsträgers im Staate. Die Verbürgung von Grundrechten zeichnet daher eine rechtsstaatliche Verfassung aus. Im Rahmen unseres Verfassungsgefüges ist es mithin von herausragender Bedeutung, welche Rechtsnatur dem in Art. 1 Abs. 1 GG niedergelegten Menschenwürdesatz zukommt. Die erste Kernfrage dieser Arbeit lautet damit:

Kommt dem Menschenwürdesatz subjektiv-rechtlicher Charakter zu oder handelt es sich bloß um eine objektive Norm des Verfassungsrechts ohne subjektiv-rechtliche Verbürgungen?

Die widerstreitenden Ansichten in dieser Debatte zeugen von einem grundverschiedenen Verständnis der Menschenwürdenorm im Rahmen des Verfassungssystems und sind daher zu keiner Annäherung im Stande. Die Problematik der Rechtsnatur des Art. 1 Abs. 1 GG besteht seit jeher, wobei die Frage derzeit an Aktualität gewinnt, soweit man die öffentliche Debatte um die Fortschritte in der Biomedizin, das Luftsicherheitsgesetz und das Folterverbot betrachtet. Es wird aufzuzeigen sein, dass Art. 1 Abs. 1 GG ein Grundrecht darstellt und dass den Herausforderungen unserer Zeit nur mit einem Grundrecht auf Achtung und Schutz der Menschenwürde[84] adäquat begegnet werden kann.

Weiterhin schlug die im Jahre 2003 von dem Bonner Rechtsprofessor *Matthias Herdegen* veröffentlichte Kommentierung zu Art. 1 Abs. 1 GG große Wellen. Hierbei geht es neben der Frage nach der Grundrechtsqualität des Art. 1 Abs. 1 GG um die inhaltliche Festlegung des Rechtsbegriffs der Menschenwürde und damit um die praktische Ausgestaltung des Grundrechts. Dies führt nun auch zu der zweiten Kernfrage dieser Untersuchung, die da lautet:

Wie stellt sich die Anwendbarkeit eines Grundrechts auf Achtung und Schutz der Menschenwürde dar?

Mithin wird es darum gehen, die verschiedenen Möglichkeiten zur inhaltlichen Festlegung der Tatbestandmerkmale aufzuzeigen. Fraglich ist insoweit, welche Methodik geeignet ist, um Art. 1 Abs. 1 GG zukunftsfest zu machen und da-

84 Die grundrechtliche Gewährleistung umfasst sowohl die Abwehr- als auch die Schutzdimension.

mit die praktische Handhabbarkeit der Norm zu sichern. Um der normativen Bedeutung der Menschenwürdegarantie auch weiterhin gerecht zu werden, ist es erforderlich, den grundrechtlichen Tatbestand so festzulegen, dass Rechtssicherheit und damit die Vorhersehbarkeit hinsichtlich Umfang und Grenzen des Grundrechts für den Einzelnen gewährleistet werden. Weiterhin ist zu bedenken, dass die durch Art. 1 Abs. 1 GG garantierte Absicherung der Menschenwürde auch auf neue Gefahren, wie etwa aus dem Bereich der biomedizinischen Forschung, reagieren können muss. Auch dies muss bei der Interpretation der Menschenwürdenorm berücksichtigt werden. Zunächst soll allerdings die Frage der Rechtsnatur des Art. 1 Abs. 1 GG geklärt werden.

I. Die Rechtsnatur des Art. 1 Abs. 1 GG

Fraglich ist damit zunächst, ob der Menschenwürdesatz ein Grundrecht und damit ein subjektiv-öffentliches Recht gewährt. Die Literatur ist in dieser Frage gespalten. Insoweit ist auf das durch die Annahme einer lediglich objektiven Verfassungsnorm des Art. 1 Abs. 1 GG geprägte Würdekonzept[85] von *Günter Dürig* einzugehen. Zudem wird die Auseinandersetzung in der jüngeren Literatur durch *Ernst-Wolfgang Böckenförde* und *Herdegen* geprägt. *Böckenförde* tritt vehement für das *Dürigsche* Würdekonzept ein, wohingegen *Herdegen* die Grundrechtsqualität des Menschenwürdesatzes ganz pragmatisch positiv-rechtlich begründet.[86] Betrachtet man die Rechtsprechung des Bundesverfassungsgerichts, so wird die Ambivalenz in der Haltung des Gerichts zu dieser Kontroverse deutlich. Das Bundesverfassungsgericht hat Art. 1 Abs. 1 GG sowohl als Grundrecht bezeichnet, als auch die herausragende Funktion des Menschenwürdesatzes als „tragendes Konstitutionsprinzip" hervorgehoben beziehungsweise festgestellt, dass die Würde des Menschen „im Grundgesetz der oberste Wert ist".[87]

1. Art. 1 Abs. 1 GG als objektiv-rechtliche Norm

In der Literatur vertreten neben *Dürig* weitere Autoren den Standpunkt, dass es sich bei Art. 1 Abs. 1 GG um eine Norm mit lediglich objektiv-rechtlichem Charakter handelt. Im Rahmen der folgenden Darstellung ist insbesondere darauf

85 Zu den verschiedenen Würdekonzepten siehe *Geddert-Steinacher*, Menschenwürde als Verfassungsbegriff, S. 110-135.

86 Vgl. insbesondere den Artikel *Böckenfördes* in der FAZ vom 03. September 2003, S. 33.

87 BVerfGE 6, 32 (36, 41); 87, 209 (228).

einzugehen, ob die Annahme der rein objektiv-rechtlichen Natur des Art. 1 Abs. 1 GG noch zeitgemäß ist.

a) Günter Dürig

Zunächst ist nun das umfassende Würdekonzept von *Dürig* zu erläutern. *Dürig* stand für seine Kommentierung von Art. 1 Abs. 1 GG keine Verfassungstradition einer Menschenwürdenorm zur Verfügung. Damit hat er hinsichtlich Auslegung und Verständnis der Norm „Pionierarbeit" geleistet. Dabei waren *Dürigs* Arbeiten von den Erlebnissen während der Naziherrschaft unmittelbar geprägt, denn er selbst war aktiver Offizier und wurde schwer verwundet. So war *Dürig*, wie die Nachkriegsgeneration insgesamt, von der Intention geleitet, eine neue und bessere Ordnung zu schaffen.[88] Seine Abhandlungen, welche zunächst in der Juristischen Rundschau im Jahre 1952[89] und später im Archiv des öffentlichen Rechts im Jahre 1956[90] erschienen sind, sowie seine Kommentierung[91] in seinem mit *Theodor Maunz* begründeten Kommentar zum Grundgesetz aus dem Jahre 1958 sind also von tragender Bedeutung.

Dürig versteht nun den Menschenwürdesatz des Art. 1 Abs. 1 GG als eine lediglich objektiv-rechtliche Verfassungsnorm ohne subjektiv-rechtliche Verbürgungen. Ausgangspunkt des Verständnisses des Art. 1 Abs. 1 GG als lediglich objektiv-rechtliche Norm ist der grundlegende Gedanke, dass die Menschenwürde ein *sittlicher Wert* sei, der durch die Übernahme in die Verfassung zugleich Rechtswert geworden sei.[92] Zu der Frage der rechtlichen Realisierung dieses Wertes im Zusammenleben der Rechtsträger führt *Dürig* aus, dass dem Wert der Würde ein entsprechender Wertanspruch des Wertträgers korrespondiere. Dabei folge schon aus der Formulierung des Art. 1 Abs. 1 Satz 1 GG, dass es sich um einen Eigenwert als etwas immer Seiendes, stets Vorhandenes handele, so dass der Wertanspruch nicht darauf gerichtet sein könne, dem Wertträger den Wert erst durch positives Tun zu verschaffen. Insoweit handele es sich um einen Unterlassungsanspruch, welcher auf das Achten der Würde gerichtet sei.[93] Allerdings führe die Anerkennung eines Wertanspruchs auf Würde durch das objektive Verfassungsrecht nicht zu der Annahme eines subjektiv-öffentlichen Rechts des Einzelnen.[94] Die Realisierung zugunsten des einzelnen Rechtsträgers erfolge

88 *Böckenförde*, in: FAZ vom 03. September 2003, S. 33.
89 *Dürig*, in: JR 1952, 259 ff.
90 *Dürig*, in: AöR 81 (1956), 117 ff.
91 *Dürig*, in: Maunz/Dürig, Grundgesetz, Band I, Art. 1 Abs. 1 GG.
92 *Dürig*, in: AöR 81 (1956), 117.
93 *Dürig*, in: AöR 81 (1956), 117 (117 f.).
94 *Dürig*, in: AöR 81 (1956), 117 (118 f.).

vielmehr über Art. 1 Abs. 3 GG als Aktualisierungsnorm. Somit handele es sich bei dem Menschenwürdesatz ausschließlich um objektives Verfassungsrecht. Die Menschenwürdenorm habe den Charakter eines obersten Konstitutionsprinzips allen objektiven Rechts. Schlussendlich hält *Dürig* die Ausgestaltung des Art. 1 Abs. 1 GG zu einem Grundrecht insgesamt für entbehrlich, denn jeder denkbare staatliche Angriff auf die Menschenwürde sei schon durch ein spezielleres Grundrecht geschützt, wenn man, wie die Verfassung es verlange, Art. 1 Abs. 1 GG als Wertmaßstab in die Spezialinterpretation des jeweiligen Grundrechts mit einbeziehe.[95]

Zunächst einmal ist anzuerkennen, dass *Dürig* ein in sich stimmiges Würdekonzept geschaffen hat. Fraglich ist jedoch, inwieweit dieses Konzept heute noch haltbar ist, ob es also die Herausforderungen unserer Zeit zu bewältigen vermag. Basis dieses Konzepts ist die Annahme, dass es sich bei der Menschenwürde des Art. 1 Abs. 1 GG um einen sittlichen, in das Verfassungsrecht lediglich rezipierten Wert handelt. Insoweit wird ein naturrechtliches Verständnis zugrunde gelegt, so dass gleichsam ein vorstaatlicher Geltungsgrund für unsere Verfassung angenommen wird. Dies wirkt sich dann auch auf die gesamte Interpretation des Art. 1 Abs. 1 GG aus. Denn damit scheidet eine rein positiv-rechtliche Auslegung aus, wohingegen das vorstaatliche Element besondere Beachtung finden muss. Diese Ansicht *Dürigs* über das „naturrechtliche Fundament“[96] unserer Verfassung lässt sich mit der Abneigung gegen den Positivismus der Nazizeit erklären.

Fraglich ist aber, ob der Verfassung ein naturrechtliches Grundbekenntnis überhaupt zugrunde gelegt werden darf. Mit Rücksicht auf den geschichtlichen Kontext muss darauf hingewiesen werden, dass gemäß des ersten Entwurfs des internen Redaktionsausschusses des Ausschusses für Grundsatzfragen für Art. 1 Abs. 1 GG die folgende Fassung vorgeschlagen wurde: „Die Würde des Menschen ruht auf ewigen, einem Jeden von Natur aus eigenen Rechten.“ Allerdings konnte sich dieser naturrechtliche Bezug nicht durchsetzen, sondern war vielmehr äußerst umstritten. Ein naturrechtliches Grundbekenntnis ist in unserem Grundgesetz mithin nicht enthalten und auch eine Interpretation dahingehend kann aus der Historie heraus nicht gerechtfertigt werden. Zudem hat sich heute unser Verfassungswerk bewährt, so dass die Entbehrlichkeit eines vorstaatlichen Geltungsgrundes noch deutlicher erscheint als in früheren Jahren. Darüber hinaus ist auch der gesellschaftliche Wandel in diese Überlegung mit einzubeziehen. Das Gesellschaftsbild hat sich in der jüngeren Zeit stark verändert. Lange Zeit vorherrschende religiöse oder metaphysische Grundfesten sind unter der heutigen plura-

95 *Dürig*, in: AöR 81 (1956), 117 (119 ff.).

96 *Böckenförde*, in: FAZ vom 03. September 2003, S. 33; siehe auch *Hain*, in: Der Staat 2006, 189 (193).

listischen und säkularisierten Gesellschaftswirklichkeit nicht mehr allgemeingültig aufrechtzuerhalten. Die Rechtsbegründung über moralische oder gar religiöse Grundsätze ist angesichts der gesellschaftlichen Entwicklung nicht mehr haltbar.[97] Folglich ist der Rückgriff auf ein naturrechtliches Fundament heute nicht mehr erforderlich und auch nicht gerechtfertigt.

Weiterhin führt die Annahme einer lediglich objektiv-rechtlichen Norm dazu, dass im konkreten Fall eine Menschenwürdeverletzung losgelöst von dem Betroffenen, dem in der Würde Verletzten, beurteilt wird. Es wird also eine Abstrahierung vom konkret betroffenen Rechtsträger vorgenommen. *Dürig* begründet dies mit einem Blick auf Art. 100 der bayerischen Verfassung, welchen er als beispielhafte Ausgangsnorm des Art. 1 Abs. 1 GG betrachtet. Ursprünglich sei Art. 100 BayVerf mit dem folgenden Wortlaut als subjektiv-rechtliche Norm ausgestaltet worden: „Die Würde der menschlichen Persönlichkeit ist in Gesetzgebung, Verwaltung und Rechtspflege zu achten."[98]

Der subjektiv-rechtliche Charakter des Art. 100 BayVerf lässt sich durch eine Äußerung von *Nawiasky* belegen, der als Sachverständiger im bayerischen Verfassungskonvent zugleich Verfasser des Menschenwürdeartikels der bayerischen Verfassung war. Er begründete seine Formulierung mit den Worten: „Er [*Nawiasky*] ging von der Tatsache aus, dass in der Praxis der nationalsozialistischen Behörden, ganz abgesehen von der sonstigen Verleugnung elementarer Rechtsgrundsätze, zusätzlich eine empörende Missachtung der persönlichen Würde des Menschen gang und gäbe war, und dieser sollte mit Nachdruck entgegengetreten werden."[99]

Allein durch die Hervorhebung der Würde der *Persönlichkeit* ist davon auszugehen, dass es *Nawiasky* darum ging, einen Artikel subjektiv-rechtlichen Charakters zu verfassen. Diese Annahme lässt sich weiterhin durch die später von *Nawiasky* geäußerte Kritik an der Abänderung der Norm des Herrenchiemseer Entwurfs durch den Parlamentarischen Rat belegen. Danach könne der Vorschlag des Parlamentarischen Rates auch dahin zu verstehen sein, dass es sich lediglich um eine „philosophische Begründung des ganzen Grundrechtsabschnittes und gar nicht um einen verbindlichen Rechtssatz" handele.[100]

Nach *Dürig* habe die Rechtsentwicklung in Bayern zu einer Abstrahierung von dem einzelnen Rechtsträger und damit zu der Setzung einer zentralen Norm des objektiven Rechts geführt. So habe sich das Verständnis des Art. 100

---

97 So auch *Römelt*, Menschenwürde und Freiheit, S. 27.

98 So die ursprüngliche Fassung vom 08. Dezember 1946, geändert durch Gesetz vom 10. November 2003.

99 *Jaber*, Über den mehrfachen Sinn von Menschenwürde-Garantien, S. 206.

100 *Nawiasky*, Die Grundgedanken des Grundgesetzes, S. 26.

BayVerf von dem ursprünglichen Willen seiner Väter, Art. 100 als subjektivrechtliche Norm auszugestalten, gelöst.[101]

Damit ist zunächst fraglich, ob die Beispielswirkung des Art. 100 BayVerf so weit geht, dass sie als Argument für eine entsprechende Interpretation des Art. 1 Abs. 1 GG herangezogen werden kann. Dies erscheint indes äußerst zweifelhaft. Die Verfassungen der Länder hatten zwar eine gewisse Vorbildwirkung, allerdings wurde auch festgestellt, dass eben ein unmittelbarer rechtlicher Vorläufer nicht existierte, vielmehr die vorhandenen verschiedenen rechtlichen Dokumente insgesamt Berücksichtigung fanden.

Weiterhin muss man sich doch vor Augen halten, dass die bayerische Verfassung und damit Art. 100 BayVerf 1946 in Kraft getreten ist. Die Interpretationen des Art. 1 Abs. 1 GG von *Dürig* stammen aus den Jahren 1952, 1956 und 1958. Daher war die Zeit für eine gefestigte bayerische Judikatur viel zu kurz. Die Interpretation *Dürigs*, dass die Rechtsentwicklung in Bayern zur Anerkennung einer Norm des objektiven Rechts geführt habe, ist unter diesem Gesichtspunkt nicht nachzuvollziehen.[102]

Weiterhin spricht gegen die Abstrahierung der Würde vom konkret betroffenen Rechtsträger, dass die Würde ein höchst subjektiver Wert ist. Der Subjektivität der Würde kann jedoch nur Rechnung getragen werden, indem keine Abstrahierung vom Rechtsträger erfolgt. Dies würde schließlich auch dazu führen, dass den Opfern des Nationalsozialismus in unerträglicher Weise die Verletzung eines Würdeanspruchs abzusprechen wäre.[103]

Gegen die Ansicht *Dürigs* kann ferner angeführt werden, dass Konsequenz der Objektivierung der Menschenwürdenorm der Verlust einer Klagbarkeitsstütze ist. *Dürig* argumentiert allerdings, dass der Verlust einer Klagbarkeitsstütze durch den Gewinn einer Basis für ein ganzes Wertsystem, welches sich zugleich als ein rechtslogisches Anspruchssystem erweise, kompensiert werde.[104] Dies kann aber angesichts der soeben genannten Konsequenzen nicht überzeugen. Zudem erscheint die verweigerte Annerkennung der Grundrechtsqualität insbesondere durch *Dürig*, der selbst stark unter dem Naziregime zu leiden hatte, paradox. Denn soweit es *Dürig* insbesondere darum ging, eine Abkehr von den Zeiten des Nationalsozialismus deutlich hervorzuheben, müsste gerade der subjektive Charakter der wichtigsten Verfassungsnorm anerkannt werden. Denn schließlich war die Zeit der Nationalsozialisten auch die Zeit der objektiven Normen und der kategorischen Verneinung subjektiver Rechte.

---

101 *Dürig*, in: AöR 81 (1956), 117 (119).
102 *Jaber*, Über den mehrfachen Sinn von Menschenwürde-Garantien, S. 208.
103 Vgl. *Herdegen*, in: Maunz/Dürig, Grundgesetz, Band I, Art. 1 Abs. 1, Rn. 26.
104 *Dürig*, in: Maunz/Dürig, Grundgesetz, Band I, Art. 1 Abs. 1, Rn. 5.

Nun wird aus *Dürigs* Argumentation deutlich, dass sich nach seiner Ansicht die Grundrechtsqualität des Art. 1 Abs. 1 GG und die Funktion der Norm als Basis eines grundrechtlichen Wert- und Anspruchssystems gegenseitig ausschließen. Insoweit ist jedoch nicht einzusehen, weshalb allein aus der Funktion der Norm als objektiv-rechtliche Basis die Ablehnung einer subjektiv-rechtlichen Verbürgung folgen sollte.[105] So kann nur eine Interpretation, die die Grundrechtsqualität neben der objektiven Elementarbedeutung anerkennt, der enormen Bedeutsamkeit des Menschenwürdesatzes gerecht werden.

Schließlich ist für *Dürig* die Annahme einer subjektiv-rechtlichen Norm auch deshalb entbehrlich, da jedwede Menschenwürdeverletzung zugleich eine Verletzung eines spezielleren Freiheitsrechts darstellen soll.[106] Diese These *Dürigs* wird aber gerade durch die Praxis des Bundesverfassungsgerichts bei der Bewältigung grundrechtlicher Fragen in der biomedizinischen Forschung widerlegt. Das eigentlich betroffene Grundrecht aus Art. 2 Abs. 2 Satz 1 GG wird nicht allein herangezogen, sondern vielmehr mit Art. 1 Abs. 1 GG gekoppelt.[107] Dies belegt, dass es Gefährdungslagen gibt, welche nicht ausschließlich von einem speziellen Freiheitsrecht erfasst werden. Zu Zeiten *Dürigs* war an eine solche Art möglicher Menschenwürdeverletzungen nicht zu denken. Somit mag es zwar bisher so gewesen sein, dass bei Einschlägigkeit der Menschenwürdenorm zugleich der Schutzbereich eines spezielleren Freiheitsrechts als betroffen herangezogen werden konnte, doch kommen angesichts der neuen Herausforderungen insbesondere im Bereich der Biomedizin erhebliche Zweifel dahingehend auf, ob dies auch in Zukunft so sein wird.[108]

Insgesamt kann nur ein Grundrecht aus Art. 1 Abs. 1 GG auf Achtung und Schutz der Würde auf neuartige Gefahren reagieren und damit umfassenden Würdeschutz gewährleisten. Der Würdeschutz, der durch Art. 1 Abs. 1 GG als Grundrecht erreicht werden kann, kann nicht durch die übrigen Grundrechte als *Auffanggrundrechte* geleistet werden. Dies zeigt die Kopplung des Art. 1 Abs. 1 GG mit anderen Grundrechten, die neben der soeben aufgezeigten Verbindung mit Art. 2 Abs. 2 Satz 1 GG auch mit Art. 2 Abs. 1 GG zum so genannten Allgemeinen Persönlichkeitsrecht vollzogen wird. Nur die Menschenwürdegarantie schützt den konkreten Achtungsanspruch des Einzelnen als Person. Dies kann nur durch Art. 1 Abs. 1 GG als Grundrecht, nicht aber durch die übrigen Grundrechte gewährleistet werden.[109]

---

105 *Herdegen*, in: Maunz/Dürig, Grundgesetz, Band I, Art. 1 Abs. 1, Rn. 26.

106 *Dürig*, in: AöR 81 (1956), 117 (122).

107 Ob einer solchen Kopplung überhaupt zugestimmt werden kann, wird später noch Gegenstand der Diskussion sein, siehe unten S. 105 ff.

108 *Herdegen*, in: Maunz/Dürig, Grundgesetz, Band I, Art. 1 Abs. 1, Rn. 26.

109 *Herdegen*, in: Maunz/Dürig, Grundgesetz, Band I, Art. 1 Abs. 1, Rn. 26.

Schlussendlich spricht gegen die Annahme eines bloß objektiven Verfassungsprinzips der Menschenwürde, dass keine ernsthafte Annäherung an eine inhaltliche Festlegung der Würde unternommen wird. Soweit ausschließlich ein objektives Prinzip angenommen wird, besteht im konkreten Fall die Möglichkeit, sich einer Konkretisierung der Würdegarantie zu entziehen. Geht man hingegen von einem subjektiven Recht aus, so muss eine Konturengebung soweit vorangetrieben werden, dass sich die subjektive Gewährleistung der Würdegarantie im konkreten Einzelfall bewähren kann. Dies verlangt dann eine intensive Auseinandersetzung mit der inhaltlichen Ausgestaltung der Würdegarantie.[110]

Nach alledem erscheint die Annahme einer lediglich objektiv-rechtlichen Würdenorm im Sinne des *Dürigschen* Würdekonzepts den heutigen Anforderungen an einen umfassenden Würdeschutz nicht zu genügen.

Im Rahmen der gesellschaftlichen Entwicklungen müssen sich auch die der Gesellschaftsordnung zugrunde liegenden Normen entwickeln. Dies trifft auf jede Norm gleichermaßen zu, so dass auch Art. 1 Abs. 1 GG davon erfasst ist. Der durch die Menschenwürdegarantie gewährte Schutz hat sich bisher bewährt, aber um praktische Relevanz zu behalten, muss auch Art. 1 Abs. 1 GG für Neuerungen in der Auslegung und Anwendung offen sein. Im Sinne der Grundrechtsträger ist der Gefahr zu begegnen, Art. 1 Abs. 1 GG zu einer praktisch nicht mehr relevanten Programmnorm zu degradieren, nicht zuletzt in Anbetracht des geäußerten Willens des Verfassungsgebers, wonach die Grundrechte gerade nicht als bloße Programmnormen fungieren sollten.

b) Tatjana Geddert-Steinacher

Neben *Dürig* haben sich zahlreiche weitere Autoren mit der Rechtsnatur des Menschenwürdesatzes auseinander gesetzt, darunter auch *Geddert-Steinacher*.[111] *Geddert-Steinacher* stellt insoweit fest, dass das zentrale Argument für die Grundrechtsqualität des Menschenwürdesatzes die Behauptung einer Klagbarkeitslücke bei einer Verletzung der Menschenwürde durch ein verfassungsänderndes Gesetz sei. Das Argument der Klagbarkeitslücke entwertet *Geddert-Steinacher* jedoch, indem sie denjenigen, die sich eben darauf berufen, vorwirft, sie hätten die Bedeutung des in Art. 79 Abs. 3 GG verwendeten Begriffs der Grundsätze und die strukturelle Verklammerung von Würdegarantie und Grundrechten verkannt. Eine Auslegung des Begriffs der Grundsätze führe vielmehr zu dem Ergebnis, dass die in Art. 1 Abs. 1 GG niedergelegten Grundsätze auch den Menschenwürdekern der Grundrechte erfassten. Somit könne eine Verfassungs-

110 *Herdegen*, in: Maunz/Dürig, Grundgesetz, Band I, Art. 1 Abs. 1, Rn. 26.
111 *Geddert-Steinacher*, Menschenwürde als Verfassungsbegriff, S. 164 ff.

beschwerde gegen ein verfassungsänderndes Gesetz auch auf ein Grundrecht in Verbindung mit Art. 1 Abs. 1 GG gestützt werden.[112] Weiterhin spreche gegen die Annahme der Grundrechtsqualität die Gefahr einer Nivellierung der Würdegarantie, welche aus der grundrechtlichen Gliederung in Grundrechtstatbestand und Grundrechtsschranken und den damit verbundenen Konkordanzen herrühre.[113] Abschließend wird resümiert, dass die Menschenwürde eben kein Grundrecht, sondern ein Rechtsprinzip[114] sei. Die Norm sei den Grundrechten als Grundnorm von Staat und Recht teleologisch vorgeordnet. Das Verhältnis der Menschenwürdegarantie zu den Grundrechten sei damit ein Verhältnis „sui generis".[115]

Es erscheint zu kurzsichtig wie *Geddert-Steinacher* das zentrale Argument für die Erforderlichkeit der Grundrechtsqualität des Art. 1 Abs. 1 GG in der Behauptung der Klagbarkeitslücke im Falle einer Menschenwürdeverletzung durch ein verfassungsänderndes Gesetz zu sehen und durch die Entwertung desselbigen bereits die Grundrechtsnatur der Norm abzulehnen. Hierzu lässt sich zudem sagen, dass eine solche Lücke schon deshalb nicht besteht, weil, wie sich aus Art. 79 Abs. 3 GG ergibt, ein verfassungsänderndes Gesetz nichtig ist, soweit ein Verstoß gegen den unantastbaren Menschenwürdekern vorliegt. Eine Grundrechtseinschränkung durch ein verfassungsänderndes Gesetz würde, aufgrund der Nichtigkeit des Gesetzes, ohnehin nicht greifen.[116]

Weiterhin führt *Geddert-Steinacher* gegen die Annahme der Grundrechtsqualität des Art. 1 Abs. 1 GG an, dass, soweit in Grundrechtstatbestand und Grundrechtsschranken unterteilt werden würde, dies zu einer Nivellierung und damit zu einer Entwertung des Würdeschutzes führen würde. Aus diesem Grunde die Grundrechtsqualität abzulehnen, kann jedoch nicht überzeugen. Es ist vielmehr erforderlich, wenigstens eine Annäherung an die grundrechtsdogmatischen Strukturen zu versuchen. Daher ist eine Konkretisierung unumgänglich, wenn Art. 1 Abs. 1 GG nicht zu einem bloßen Programmsatz werden, sondern in der praktischen Rechtsanwendung weiter zum Tragen kommen soll. Es kommt mithin darauf an, ab wann die Absolutheit greift. Es geht daher nicht um die Frage des *Ob* eines unantastbaren Würdeanspruches, sondern vielmehr um das *Wie*, mithin um die inhaltliche Festlegung. Eine Entwertung des Würdeschutzes würde schließlich auch dann eintreten, wenn die Norm zur bloßen Leerformel herabge-

---

112 *Geddert-Steinacher*, Menschenwürde als Verfassungsbegriff, S. 169.

113 *Geddert-Steinacher*, Menschenwürde als Verfassungsbegriff, S. 172.

114 Zu dem Begriff des Rechtsprinzips vgl. *Geddert-Steinacher*, Menschenwürde als Verfassungsbegriff, S. 23.

115 *Geddert-Steinacher*, Menschenwürde als Verfassungsbegriff, S. 172.

116 Vgl. dazu *Herdegen*, in: Maunz/Dürig, Grundgesetz, Band I, Art. 1 Abs. 1, Rn. 26.

würdigt werden würde. Demnach kann das Exklusivitätsverhältnis nicht pauschal gegen die Grundrechtsqualität der Menschenwürdenorm angeführt werden.

Geddert-Steinachers Argumentation gegen den Grundrechtscharakter des Art. 1 Abs. 1 GG kann nicht gefolgt werden. Das Verständnis des Menschenwürdesatzes als Rechtsprinzip ist folglich abzulehnen.

c) Christoph Enders

Auch *Enders* hat sich mit der Rechtsnatur der Menschenwürdenorm auseinander gesetzt. Bei seiner Einordnung der Menschenwürdenorm in die Kategorien objektives Prinzip oder subjektives Grundrecht beruft sich *Enders* maßgeblich auf die systematische Stellung des Artikels. Daraus leitet er ab, dass man Art. 1 GG nur als Grundsatznorm verstehen könne, wobei eine reguläre Subsumtionsfähigkeit ausgeschlossen sei.[117] Insgesamt begreift *Enders* die Menschenwürdenorm als Grundlage für weitere, die Menschenwürde ausfüllende und konturierende Rechte und damit auch als Anspruch auf weitere Rechte. *Enders* spricht danach von einem Recht auf Rechte.[118] Durch Art. 1 Abs. 1 Satz 1 GG sei das abstrakte Vermögen des Menschen anerkannt, als vorstaatliches Subjekt auch Rechtssubjekt zu sein. Als Subjekt möglicher Rechte sei folglich anerkannt, dass der Mensch ein Recht auf Rechte habe. Somit bestimme Art. 1 Abs. 1 GG die Rechtsfähigkeit des Menschen als Menschen.[119] Die Menschenwürde als Recht auf Rechte sei jedoch zu abstrakt um einen entsprechenden Anspruch zu gewähren. Sie stelle vielmehr einen wertausfüllenden Interpretationsmaßstab dar. Mithin bedürfe die Menschenwürde als Recht auf Rechte der Durchführung und Entfaltung. Dies vollziehe sich nun, indem die Menschenwürde als Grundsatz durch jede verfassungsrechtliche Normierung präzisiert werde.[120]

Indem *Enders* die Menschenwürde als Recht auf Rechte begreift und es damit bei Art. 1 Abs. 1 Satz 1 GG ausschließlich darum gehen soll, die Rechtsfähigkeit des Menschen festzulegen, bewegt er sich auf einem sehr hohen Abstraktionsniveau. Dies vermag indes nicht zu überzeugen. Art. 1 Abs. 1 GG wird so zu einer juristisch schwer greifbaren und für den einzelnen Grundrechtsträger kaum begreifbaren Klausel, indem eine Konturierung des Anspruchs auf Würde umgangen wird. Soweit sich aber die Funktion des Art. 1 Abs. 1 GG darauf konzentrieren soll, die Rechtssubjektivität der Menschen zu gewährleisten, ist die normative Bedeutungslosigkeit im juristischen Alltag unvermeidbar. Weiterhin geht es *En-*

---

117 *Enders*, Die Menschenwürde in der Verfassungsordnung, S. 425 ff.
118 *Herdegen*, in: Maunz/Dürig, Grundgesetz, Band I, Art. 1 Abs. 1, Rn. 19.
119 *Enders*, Die Menschenwürde in der Verfassungsordnung, S. 502 f.
120 *Enders*, Die Menschenwürde in der Verfassungsordnung, S. 503.

ders maßgeblich darum, einen naturrechtlichen Ansatz in das positive Verfassungsrecht zu übertragen. So spricht er von dem Menschen als vorstaatliches Subjekt, das zum Rechtssubjekt werde. Auf diesem Wege wird die Auslegung des Art. 1 Abs. 1 GG stark subjektiv geprägt. Ein naturrechtliches Bekenntnis wurde in den Verfassungstext gerade nicht aufgenommen, so dass die Niederlegung eines solchen Grundverständnisses über Art. 1 Abs. 1 GG als nicht gerechtfertigt erscheint. Damit ist das Verständnis des Art. 1 Abs. 1 GG als Recht auf Rechte abzulehnen.

d) Horst Dreier

Für *Dreier* liegt der signifikante Unterschied der Menschenwürdenorm zu den Grundrechten in der singulären normativen Struktur des Art. 1 Abs. 1 GG, welche sich insbesondere von den Strukturen der Freiheitsrechte unterscheide. Die Freiheitsrechte, so führt er weiter aus, zeichneten sich gerade durch einen Schutzbereich und die Möglichkeit der Einschränkbarkeit desselbigen aus, wozu der Absolutheitscharakter des Art. 1 Abs. 1 GG im deutlichen Gegensatz stehe. So wird die Befürchtung *Dreiers* offensichtlich, dass die Einordnung des Menschenwürdesatzes als Grundrecht in ihrer logischen Konsequenz zu einer Abwägungsoffenheit führen und daher eine Schwächung des Menschenwürdeschutzes eintreten würde.[121] In alledem sieht *Dreier* die schlagenden Argumente für die Anerkennung eines Sonderstatus der Menschenwürdenorm. Die Menschenwürde sei ein Grundsatz aber kein Grundrecht und damit eine Verfassungsnorm objektiv-rechtlichen Charakters, die alle Träger staatlicher Gewalt binde.[122]

Auch nach *Dreier* schließt also die besondere Funktion des Art. 1 Abs. 1 GG als oberster Leitwert der Verfassung aus, die Norm zudem als Grundrecht zu begreifen. Dagegen lässt sich jedoch anführen, dass, wie durch Art. 19 Abs. 4 GG deutlich wird, möglichst wirkungsvolle Rechte im Grundgesetz zum Ausdruck kommen sollen. Somit ist es sinnwidrig, der bedeutsamsten Normierung unseres Grundgesetzes schlechthin, ein subjektives Recht des Einzelnen, sich gegen Eingriffe zu wehren, nicht zuzuerkennen.[123]

Weiterhin ist die Befürchtung einer Schwächung des Menschenwürdeschutzes durch die Annahme der Grundrechtsqualität gerade nicht gegeben. So muss man sich zunächst vor Augen halten, dass hinsichtlich der historisch gewachsenen Menschenwürdeverletzungen ein breiter Konsens besteht. Das Ziel des Parla-

---

121 *Dreier*, in: ders., Grundgesetz, Band I, Art. 1 I, Rn. 127. Vgl. auch *Dreier*, in: Seelmann, Menschenwürde als Rechtsbegriff, 33 (34).

122 *Dreier*, in: ders., Grundgesetz, Band I, Art. 1 I, Rn. 128. *Dreier*, in: Seelmann, Menschenwürde als Rechtsbegriff, 33.

123 Vgl. auch *Zaar*, Wann beginnt die Menschenwürde nach Art. 1 GG?, S. 104.

mentarischen Rates durch die Normierung der Menschenwürdegarantie an prominentester Stelle unserer Verfassung eine Wiederholung der Gräueltaten des Naziregimes zu verhindern, ist erreicht worden und wird auch weiterhin bestehen bleiben. Die Erinnerung an diesen historischen Schandfleck ist allgegenwärtig. Die Menschenwürdegarantie hat sich in den letzten 50 Jahren hinsichtlich der Menschenwürdeverletzungen während des zweiten Weltkrieges bewährt. Nun darf aber auch nicht übersehen werden, dass auf die Menschenwürdegarantie neue Herausforderungen zukommen, die mit der Beschränkung auf bisherige Interpretationsansätze nicht zu bewältigen sind. Soweit man die Anwendung des Menschenwürdesatzes weiterhin ausschließlich darauf beschränkt, tritt auf diesem Wege vielmehr eine Schwächung der Normierung ein. Ein Öffnen des Menschenwürdesatzes für neue Herausforderungen führt nicht zugleich zu einer Schwächung der Absolutheit des Schutzes. Vielmehr wird vermieden, dass Art. 1 Abs. 1 GG in der Rechtsanwendung praktisch irrelevant wird. Hinsichtlich historisch gewachsener Verletzungsurteile wird Art. 1 Abs. 1 GG kaum noch aktiviert werden müssen, aber neue Gefahren können mit einem Festhalten an den dogmatischen Anfängen nicht bewältigt werden. Darin würde in der Tat eine Schwächung der Menschenwürdenorm liegen.

Demnach gilt es, die nach *Dreier* festgestellte singuläre normative Struktur des Art. 1 Abs. 1 GG nicht aus der Grundrechtsdogmatik auszuklammern, sondern vielmehr einen Weg zu finden, diese zu inkorporieren. Soweit man sich an den dogmatischen Richtlinien orientiert und eine Einteilung der Grundrechte in Freiheits-, Gleichheits- und Teilhaberechte vornimmt, erscheint es sinnvoll, hier auf die Grundstrukturen der Freiheitsrechte zurückzugreifen. Soweit man die Gegensätzlichkeit des Absolutheitscharakters der Menschenwürdenorm und die Möglichkeit der Einschränkbarkeit der Freiheitsrechte in Einklang bringen möchte, ist der später zu erläuternde Vorschlag *Herdegens* zu berücksichtigen, wonach nicht auf der Rechtfertigungsebene, sondern vielmehr im Rahmen der Festlegung des Schutzbereichs eine Abwägung vorzunehmen ist.[124] Unabhängig davon bleibt hier festzustellen, dass die Berufung auf die einzigartige normative Struktur des Art. 1 Abs. 1 GG jedenfalls nicht dazu führen darf, den Grundrechtscharakter der Norm abzulehnen. Die in der Grundrechtsdogmatik entwickelten Strukturen sind schließlich unterstützend, insbesondere zur Strukturierung und damit als Argumentationshilfe heranzuziehen. Dogmatik darf indes nicht rechtsbegründend beziehungsweise rechtsverneinend sein. Inhaltlich sind Rechte durch Auslegung zu bestimmen und nicht mit einem Verweis auf dogmatische Strukturen. Die Konsequenzen daraus wären – wie es sich auch schon zeigt - weitaus un-

124 Siehe dazu unten S. 76 ff.

erwünschter als den Mut zu beweisen, neuen dogmatischen Lösungen und Entwicklungen eine Chance zu geben.

e) Zusammenfassung

Zahlreiche Autoren sprechen sich demnach gegen den normativen Charakter des Art. 1 Abs. 1 GG als subjektives Recht aus und plädieren im Gegenzug für die Annahme eines bloß objektiven Verfassungsprinzips. Hierfür wird von *Dürig* angeführt, dass es einer Basis für unsere Verfassung bedürfe, welche eben in Art. 1 Abs. 1 GG als dem naturrechtlichen Fundament des Grundgesetzes zu finden sei. Weiterhin wird die mögliche Nivellierung, welche in Anbetracht des abwägungsgeprägten Grundrechtsteils auch vor Art. 1 Abs. 1 GG nicht Halt machen könne, als große Gefahr angesehen. Gegen Ersteres ließ sich jedoch anführen, dass ein naturrechtliches Grundbekenntnis in unserem Grundgesetz nicht vorgesehen ist und auch durch den Parlamentarischen Rat nicht aufgenommen wurde. Schließlich bleibt als Gegengewicht zu der Gefahr der Nivellierung, die Gefahr der Bedeutungslosigkeit in der heutigen Rechtsanwendung. Im Ergebnis erschien das „Risiko" der Entwicklungsoffenheit des Art. 1 Abs. 1 GG als tragbarer, als der bereits eingetretenen normativen Bedeutungslosigkeit der Norm weiter Vorschub zu leisten.

2. Art. 1 Abs. 1 GG als subjektiv-rechtliche Norm

Im Kommenden soll nun auf die Ansichten eingegangen werden, mit welchen für die Annahme der Grundrechtsqualität gestritten wird. Erneut gliedert sich das Vorgehen in die Darstellung der Meinungen und die sogleich folgende kritische Analyse.

a) Hans Carl Nipperdey

Entschiedener zeitgenössischer Gegner *Dürigs* war *Nipperdey*. *Nipperdey* legte seine Meinung maßgeblich in seinem Beitrag „Die Würde des Menschen" in dem von ihm mit herausgegebenen Handbuch „Die Grundrechte" nieder.[125] Zunächst bekennt sich *Nipperdey* zu den naturrechtlichen Wurzeln des Menschenwürdesatzes in der Verfassung und führt insoweit aus, dass die Würde des Menschen einer juristischen Definition nicht bedürfe, es sich vielmehr um „die Eigenstän-

---

125 *Nipperdey*, in: Neumann/Nipperdey/Scheuner, Die Grundrechte – Handbuch der Theorie und Praxis der Grundrechte, Band II, 1 ff.

digkeit, die Wesenheit, die Natur des Menschen schlechthin" handele. Damit sei „der Grundsatz des Art. 1 Abs. 1 ein naturrechtliches Elementarprinzip, er ist vorstaatliches, überpositives Recht."[126] Durch die Positivierung werde dem Grundsatz für „die Praxis des Lebens eine größere Durchschlagskraft, Publizität, Vollziehbarkeit und allgemeine Anerkennung" verliehen. Die Geltung des Menschenwürdesatzes beruhe daher nun auf der Verfassung, ohne dass sein besonderer Charakter verloren ginge.[127]

Im Weiteren folgert *Nipperdey* die Grundrechtsqualität der Menschenwürdenorm bereits aus der systematischen Stellung an erster Stelle im Abschnitt „Die Grundrechte", sowie aus dem Wortlaut der Norm und ihrem Sinn. Ferner müsse der Mensch ein Recht auf die Würde haben, wenn die Würde unantastbar sei und eine Verpflichtung aller staatlicher Gewalt zur Achtung und zum Schutze dieser Würde bestehe.[128] Art. 1 Abs. 1 GG positiviere erst das naturrechtliche Recht. Soweit sich Autoren auf den Wortlaut des Abs. 2 und des Abs. 3 beriefen, meint *Nipperdey*, dass sich solch „spitzfindiger Formalismus" nicht zieme. Art. 1 Abs. 1 GG sei „letzte Wurzel und Quelle aller später formulierten Grundrechte und damit selbst das materielle Hauptgrundrecht."[129]

Daraus wird deutlich, dass auch *Nipperdey* die Würde als vorstaatlichen, eben naturrechtlichen Wert begreift. So gehe der besondere Charakter der Würde auch nicht durch die verfassungsrechtliche Normierung verloren. Der Besonderheit der Norm verleiht *Nipperdey* dadurch Geltung, dass er feststellt, dass es sich um das Hauptgrundrecht handele.

Nach *Nipperdey* schließen sich die Absolutheit und der Grundrechtscharakter der Norm nicht gegenseitig aus. Allerdings umgeht *Nipperdey* die daraus resultierende Problematik, indem er Art. 1 Abs. 1 GG zum Hauptgrundrecht erhebt und zugleich ein Definitionsverbot verhängt. Die Annahme des Art. 1 Abs. 1 GG als materielles Hauptgrundrecht verbietet die Einordnung der Norm in dogmatische Strukturen der übrigen Grundrechte. Somit muss man sich der Frage der Einschränkbarkeit der Norm nicht stellen. Weiterhin wird durch das Definitionsverbot eine inhaltliche Konkretisierung des Grundrechts auf Achtung und Schutz der Menschenwürde nicht erforderlich.

---

126 *Nipperdey*, in: Neumann/Nipperdey/Scheuner, Die Grundrechte – Handbuch der Theorie und Praxis der Grundrechte, Band II, 1 (1 f.).

127 *Nipperdey*, in: Neumann/Nipperdey/Scheuner, Die Grundrechte – Handbuch der Theorie und Praxis der Grundrechte, Band II, 1 (8).

128 *Nipperdey*, in: Neumann/Nipperdey/Scheuner, Die Grundrechte – Handbuch der Theorie und Praxis der Grundrechte, Band II, 1 (11).

129 *Nipperdey*, in: Neumann/Nipperdey/Scheuner, Die Grundrechte – Handbuch der Theorie und Praxis der Grundrechte, Band II, 1 (12).

Für diesen Ansatz spricht, dass der Besonderheit der Menschenwürdenorm durch die Bezeichnung als Hauptgrundrecht Rechnung getragen wird. Weiterhin wird durch die Anerkennung der Grundrechtsqualität auf den ersten Blick erreicht, dass Art. 1 Abs. 1 GG die größtmögliche Bedeutung für den Grundrechtsträger zukommt. Ein Grundrecht wird gewährt, so dass ein entsprechender Anspruch des Grundrechtsträgers besteht. Allerdings ist die Bezeichnung des Art. 1 Abs. 1 GG als *Haupt*grundrecht und das damit verbundene Definitionsverbot fraglich, denn durch diesen Sonderstatus werden grundrechtliche Elemente quasi verneint. Ein Grundrecht, dessen inhaltliche Konkretisierung aufgrund eines Definitionsverbotes ausgeschlossen sein soll, entfaltet für den Grundrechtsträger wenig praktische Relevanz, denn die für die Praxis erforderliche Konturierung des Schutzbereichs bleibt aus. Dadurch wird auch die Rechtsgewissheit und Rechtssicherheit eingeschränkt, indem die Vorhersehbarkeit der Einschlägigkeit minimiert wird. Die praktische Handhabung eines Grundrechts verlangt aber, exakte Konturen der grundrechtlichen Gewährleistung zu bestimmen, so dass eine Konkretisierung unumgänglich ist. Weiterhin spricht gegen die Annahme des Definitionsverbotes, dass *Nipperdey* dieses mit dem naturrechtlichen Grundbekenntnis begründet. Ein naturrechtliches Grundbekenntnis ist jedoch nicht vertretbar. Die Grundrechte zeichnen sich insbesondere auch durch ihr dogmatisches Gerüst aus. Daher ist der Versuch erstrebenswert, Art. 1 Abs. 1 GG in die dogmatischen Vorgaben einzugliedern. Mithin kann der Ansatz *Nipperdeys* unter den genannten Gesichtpunkten nicht überzeugen.

b) Christian Starck

Einen anderen Ansatz verfolgt *Starck*, indem er den subjektiv-rechtlichen Charakter aus der in Art. 1 Abs. 1 GG enthaltenen Schutzpflicht des Staates ableitet. Denn nur die Achtungspflicht des Staates hinsichtlich der Menschenwürde könne über die anderen Grundrechte verwirklicht werden, nicht jedoch die Schutzpflicht, weil den Grundrechten keine unmittelbare Drittwirkung zukomme. Damit aber die Schutzpflicht durchgesetzt werden könne, müsse Art. 1 Abs. 1 GG ein subjektives Grundrecht enthalten.[130] Weiterhin ermögliche nur die Gewährleistung eines Grundrechts auf Menschenwürde eine Verfassungsbeschwerde gegen verfassungsändernde Gesetze, welche die Menschenwürde nicht ausreichend achteten.[131] Nicht zuletzt komme der Menschenwürdenorm subjektiv-rechtliche Bedeutung zu, „weil der Mensch in der Würdegarantie gerade als Subjekt ge-

130 *Starck*, in: von Mangoldt/Klein/Starck, Grundgesetz, Band I, Art. 1, Rn. 28.
131 *Starck*, in: von Mangoldt/Klein/Starck, Grundgesetz, Band I, Art. 1, Rn. 27.

schützt ist“, so dass „der Zweck der Norm folgerichtig auf eine subjektiv-rechtliche Gewährleistung hinausläuft.“[132]

Bei dem aufgezeigten Begründungsansatz *Starcks* zur Grundrechtsnatur des Art. 1 Abs. 1 GG geht es im Kern darum, festzustellen, dass nur durch ein Grundrecht auf Achtung und Schutz der Menschenwürde umfangreicher Schutz erreicht werden kann. Dies untermauert *Starck* ja auch abschließend durch seine viel zitierte Anmerkung, dass der Mensch gerade als Subjekt geschützt sei und folgerichtig der Zweck der Norm nur auf eine subjektiv-rechtliche Gewährleistung hinaus laufen könne. Im Ergebnis kann dies auch unterstützt werden. Allerdings kann die Begründung dahingehend, dass durch Verzicht auf ein Grundrecht nicht genügend Schutz vor verfassungsändernden Gesetzen, die die Menschenwürde nicht achteten, gegeben sei, nicht überzeugen. Insoweit ist zu bedenken, dass ein solches Gesetz ohnehin nichtig ist.

c) Matthias Herdegen

Auch *Herdegen* spricht sich für den Grundrechtscharakter des Art. 1 Abs. 1 GG aus. Insoweit hebt er zunächst die rechtliche Bedeutung der zu diskutierenden Frage hervor, wonach die Antwort auf diese Frage nicht nur für den Rechtsschutz des Grundrechtsträgers relevant sei, sondern auch, und dies sei viel bedeutsamer, für die Konkretisierungsansätze bezüglich des Inhalts der Würdegarantie. Denn es sei doch so, dass diejenigen, die die Menschenwürdenorm nur als bloßes Prinzip begriffen, sich leichter einer Konturenbildung entziehen könnten, als jene, die in der Menschenwürdenorm ein subjektives Recht sehen.

Die Frage nach der Rechtsnatur der Menschenwürdenorm sei insbesondere hinsichtlich neuer Möglichkeiten der Biotechnologie von aktueller Brisanz. Denn die einzelnen Grundrechte böten hinsichtlich Gefahren aus diesem Bereich keinen zuverlässigen Schutz vor Eingriffen in die Menschenwürde. Weiterhin unterstütze die herausragende Stellung des Artikels im Verfassungsganzen und die „zentrale Funktion für den Schutz des Einzelnen als selbstbestimmte Person“ die Annahme für ein Grundrecht der Menschenwürde. Schließlich streite der geistesgeschichtliche Hintergrund[133] der Würdegarantie gegen die Annahme eines objektiven Prinzips oder gar einer bloßen Ordnungsidee. Zudem dürfe nicht verkannt werden, dass man doch den Opfern des Nationalsozialismus die Verletzung eines Würdeanspruchs absprechen würde, wenn man ausschließlich von einem objektiven Prinzip ausginge. Weiterhin birge die Annahme eines objektiven Prin-

132 *Starck*, in: von Mangoldt/Klein/Starck, Grundgesetz, Band I, Art. 1, Rn. 26.

133 Vgl. zum geistesgeschichtlichen Hintergrund *Herdegen*, in: Maunz/Dürig, Grundgesetz, Band I, Art. 1 Abs. 1, Rn. 7 ff.

zips die Gefahr, dass die Menschenwürde in anderen Grundrechten aufginge.[134] Gegen die Bedenken hinsichtlich der Konkretisierung lasse sich schlussendlich anführen, dass bei Annahme eines objektiven Prinzips, die Menschenwürdegarantie zum „Spielball" subjektiver Idealvorstellung werde.[135]

Im Gegensatz zu anderen Autoren, wie etwa *Geddert-Steinacher*, stellt *Herdegen* nicht die Frage nach den Rechtsschutzmöglichkeiten in den Vordergrund. Für ihn geht es vielmehr maßgeblich darum, die erforderliche inhaltliche Konkretisierung der Menschenwürdegarantie voranzutreiben und gewissermaßen zu erzwingen. Diese kann aber eben nur durch die Annahme eines Grundrechts erreicht werden. Weiterhin streiten nach *Herdegen* gerade die Veränderungen der Zeit für das Verständnis von der subjektiv-rechtlichen Natur der Menschenwürdenorm. Dem ist zuzugeben, dass die neuen Gefahren unserer Zeit so vielfältig sind, dass nicht davon auszugehen ist, stets die Betroffenheit eines benannten Freiheitsgrundrechts annehmen zu können. Daher kann die Menschenwürdegarantie ihren vollen Schutzumfang nur als Grundrecht entfalten. In diesem Sinne ist auch eine Konkretisierung des Inhalts der Menschenwürdegarantie zwingend erforderlich.

Gerade mit Blick auf die Biomedizin wird deutlich, dass *Herdegen* zuzustimmen ist, soweit er die Entwicklungsoffenheit der Norm hinsichtlich neu auftretender Gefahren für die Menschenwürde anmahnt. Bei der Frage des Schutzes ungeborenen Lebens in der embryonalen Forschung hilft Art. 1 Abs. 1 GG als objektives Prinzip nicht weiter. Nach obiger Darstellung könnte bei der Annahme, dass Art. 1 Abs. 1 GG eine lediglich objektiv-rechtliche Verfassungsnorm darstellt, nur über die Anwendung der historisch gefestigten Verletzungsurteile oder aber über die Objektformel überprüft werden, ob durch die jeweiligen Handlungen in der biomedizinischen Forschung ein Eingriff in Art. 1 Abs. 1 GG vorliegt. Eine Eingriffsprüfung über die historisch gewachsenen Verletzungsurteile wie etwa der Verfolgung, Ächtung und Brandmarkung hilft im Falle der biomedizinischen Forschung nicht weiter. Diese allgemein anerkannten Verletzungsurteile sind auf den lebenden Menschen zugeschnitten und somit ist eine Subsumtion nicht möglich.[136] Mithin bliebe nur die Anwendung der Objektformel, um das Vorliegen eines Eingriffs in Art. 1 Abs. 1 GG zu prüfen. Danach ist ja eine Menschenwürdeverletzung gegeben, wenn „der konkrete Mensch zum Objekt, zu einem bloßen Mittel, zur vertretbaren Größe herabgewürdigt wird."[137]

---

134 *Herdegen*, in: Maunz/Dürig, Grundgesetz, Band I, Art. 1 Abs. 1, Rn. 26; *Herdegen*, in: Söllner/Gitter/Waltermann/Giesen/Ricken, Gedächtnisschrift Heinze, 357 (360).

135 *Herdegen*, in: Söllner/Gitter/Waltermann/Giesen/Ricken, Gedächtnisschrift Heinze, 357 (360).

136 *Haßmann*, Embryonenschutz, S. 77.

137 *Dürig*, in: AöR 81 (1956), 117 (127).

Ob dies jedoch bei Handlungen der biomedizinischen Forschung der Fall ist, wird unter Anwendung der Objektformel unterschiedlich beurteilt. Einerseits wird eine Herabwürdigung zum Objekt deshalb verneint, weil Leben, für welches ohnehin keine Entwicklungschancen bestehen, wie etwa bei übrig gebliebenen Embryonen, wenigstens noch der Forschung und damit den Menschen dienlich gemacht werden könne. Es soll sich dabei um einen letzten Erweis an Würde handeln.[138] Weiterhin liege keine Degradierung zum bloßen Objekt vor, wenn die Forschung durch die verfolgten Ziele einen Beitrag zum Erhalt von Leben und Gesundheit konkreter oder konkretisierbarer Individuen leiste.[139] Andererseits wird jedoch durch Anwendung der Objektformel eine Menschenwürdeverletzung im Falle embryonaler Forschung festgestellt. So etwa bei der Erzeugung von Embryonen zum Zwecke der Forschung. Dann werde „bei der Embryonenforschung menschliches Leben allein als Mittel zur Verfolgung außerhalb seiner selbst liegender Zwecke eingesetzt."[140] Dies zeigt nun, dass auch die Objektformel keinen subsumtionsgeeigneten Obersatz darstellt. Die unterschiedlichen Ergebnisse mit je anderer Rechtfertigung sind nicht nachvollziehbar, sie erscheinen vielmehr als willkürlich und als reine Projektion subjektiver Vorstellungen. Folglich ist zur Bewältigung etwaiger Menschenwürdeverletzungen insbesondere auch im Rahmen der Biomedizin ein anderer Weg, als der über die Annahme einer lediglich objektiv-rechtlichen Verfassungsnorm zu suchen. Hierfür kann der Ansatz *Herdegens* Erfolg versprechen.

d) Zusammenfassung

Es zeigt sich, dass die Begründungsansätze innerhalb der für die Grundrechtsqualität streitenden Ansichten differieren. *Nipperdey* vertritt die These von Art. 1 Abs. 1 GG als Wurzel und Quelle aller später formulierten Grundrechte und damit die Annahme, dass Art. 1 Abs. 1 GG das materielle Hauptgrundrecht darstellt. *Starck* stellt hingegen die These auf, dass sich die Grundrechtsqualität erst aus der in Art. 1 Abs. 1 Satz 2 GG enthaltenen Schutzpflicht ergebe. Schließlich hebt *Herdegen* insbesondere die Bedeutsamkeit der Frage für die Konkretisierung der Menschenwürdenorm hervor, welcher man sich nicht durch Annahme eines objektiven Prinzips entziehen dürfe.

---

138 *Haßmann*, Embryonenschutz, S. 78 f.; *Fechner*, in: JZ 1986, 653 (659).
139 *Haßmann*, Embryonenschutz, S. 79.
140 *Pap*, in: MedR 1986, 229 (234); *Haßmann*, Embryonenschutz, S. 79.

3. Die Sichtweise des Bundesverfassungsgerichts

Im Rahmen der Bearbeitung der Problematik ist nunmehr die Rechtsprechung des Bundesverfassungsgerichts zu berücksichtigen. Die Rechtsprechung ist in dieser Hinsicht ambivalent. So hat das Gericht zum einen in der Menschenwürde den objektiven Höchstwert unserer Verfassung erblickt, es hat aber auch die Grundrechtsqualität der Norm festgestellt und ferner von der Wurzel aller Grundrechte gesprochen.[141]

a) Die Menschenwürdenorm als objektiver Höchstwert unserer Verfassung

Zunächst ist nun darauf einzugehen, dass das Bundesverfassungsgericht die Menschenwürde immer wieder als unseren höchsten Verfassungswert bezeichnet hat. So zählte es Art. 1 Abs. 1 GG zu den „tragenden Konstitutionsprinzipen", welche alle Bestimmungen des Grundgesetzes beherrschten.[142] An anderer Stelle führte das Gericht weiter aus, dass die Würde des Menschen der „oberste Wert" im Grundgesetz sei.[143] Und weiterhin wies das Gericht darauf hin, dass „die freie menschliche Persönlichkeit und ihre Würde den höchsten Rechtswert innerhalb der verfassungsmäßigen Ordnung" darstellen.[144] Schließlich bezeichnete das Gericht den Begriff der Menschenwürde als „tragendes Konstitutionsprinzip im System der Grundrechte."[145]

Das Bundesverfassungsgericht wählte mit den genannten Umschreibungen verschiedene Begrifflichkeiten, um die Stellung der Menschenwürdenorm im Verfassungsganzen zu beschreiben. Es ging dabei stets um die objektive Ausrichtung des Rechtssatzes, wobei die Frage des subjektiv-rechtlichen Charakters nicht zur Debatte stand und daher ausgeklammert werden konnte.

b) Die Anerkennung der Grundrechtsqualität der Menschenwürdenorm

Weiterhin ist fraglich, inwieweit das Gericht der Menschenwürdenorm über die Eigenschaft als objektiven Höchstwert der Verfassung hinaus auch Grundrechtsqualität zuerkannt hat. Dabei zeigt sich, dass das Bundesverfassungsgericht Art. 1

---

141 Vgl. *di Fabio*, Der Schutz der Menschenwürde durch allgemeine Programmgrundsätze, S. 18.
142 BVerfGE 6, 32 (36).
143 BVerfGE 6, 32 (41).
144 BVerfGE 45, 187 (227).
145 BVerfGE 87, 209 (228).

Abs. 1 GG sowohl explizit als Grundrecht bezeichnet,[146] als auch implizit die Grundrechtsqualität der Norm vorausgesetzt hat.[147]

Das Gericht hat seit jeher keine Scheu verspürt, den Menschenwürdesatz des Art. 1 Abs. 1 GG als Grundrecht zu bezeichnen.[148] Allerdings gibt die Tatsache, dass in eben diesen Fällen keine ordentliche Prüfung des Art. 1 Abs. 1 GG vorgenommen wurde, Grund zu Bedenken. Bedauerlich ist insoweit, dass niemals ausschließlich eine Überprüfung des Grundrechts auf Achtung und Schutz der Menschenwürde vorgenommen worden ist. Stets waren auch andere Grundrechte betroffen, so dass oftmals eine Verneinung der Betroffenheit der Menschenwürde genügte.

Allerdings soll durch diese Einsicht nicht erklärt werden, dass ein Grundrecht auf Achtung und Schutz der Menschenwürde deshalb entbehrlich ist, weil stets eines der Freiheits- oder Gleichheitsrechte betroffen ist. Vielmehr kann daraus nur die Erkenntnis gewonnen werden, dass es bisher möglich war, eine alleinige Überprüfung des Art. 1 Abs. 1 GG zu umgehen. Aber dies kann nicht dazu führen, auch für die Zukunft davon auszugehen, dass stets ein weiteres Grundrecht betroffen sein wird. Dies würde den Blick auf neue Gefahren, wie sie insbesondere aus den innovativen Technologien der Biomedizin herrühren, versperren. Damit bleibt festzuhalten, dass das Bundesverfassungsgericht Art. 1 Abs. 1 GG als Grundrecht bezeichnet und mithin von der Grundrechtsqualität des Art. 1 Abs. 1 GG ausgeht.

Dies lässt sich durch zahlreiche weitere Entscheidungen stützen, in welchen der Menschenwürdegarantie die Grundrechtsqualität implizit zuerkannt wurde. Insofern benannte das Gericht Art. 1 Abs. 1 GG nicht expressis verbis als Grundrecht, es hat jedoch eine Überprüfung der Betroffenheit der Menschenwürde in dem jeweiligen Verfahren vorgenommen. Zumeist handelte es sich dabei um Verfassungsbeschwerdeverfahren, womit eine Überprüfung der Menschenwürdenorm wegen Art. 93 Abs. 1 Nr. 4a GG bereits auf die Annahme eines Grundrechts zumindest im Sinne des Art. 93 GG schließen lässt.[149]

Folglich geht das Bundesverfassungsgericht von der Grundrechtsqualität der Menschenwürdenorm aus. Inwieweit die Herangehensweise des Gerichts Probleme aufwirft, ist zunächst noch nicht von Interesse. Damit bleibt im Rahmen der später zu klärenden Frage nach der Festlegung der Tatbestandsmerkmale des Art. 1 Abs. 1 GG zu erörtern, wie die Handhabung des Menschenwürdesatzes durch das Gericht zu deuten ist.

---

146 BVerfGE 15, 283 (286); 28, 151 (163); 28, 243 (263); 61, 126 (137).

147 BVerfGE 1, 332 (333, 343, 348); 12, 113 (122 f.); 13, 132 (152); 27, 1 (5 ff.); 45, 187 (227 f.); 52, 256 (261); 65, 1 (3, 41); 71, 183 (190, 201); 75, 369 (380).

148 Vgl. nur BVerfGE 1, 97 (104, 106).

149 Siehe *Höfling*, in: Sachs, Grundgesetz, Art. 1 Rn. 3.

c) *Art. 1 Abs. 1 GG als Wurzel aller Grundrechte*

Schließlich hat das Bundesverfassungsgericht den Menschenwürdesatz auch als „Wurzel aller Grundrechte“ bezeichnet. So führte das Gericht aus, die Menschenwürde als Wurzel aller Grundrechte sei mit keinem anderen Grundrecht abwägungsfähig. Weiterhin heißt es, dass alle Grundrechte das Prinzip der Menschenwürde konkretisierten und es daher eine ordentliche Begründung erfordere, wenn der Gebrauch eines Grundrechts auf die unantastbare Menschenwürde durchgreifen solle.[150]

Mit der Formulierung „Wurzel aller Grundrechte“ greift das Gericht die Wortwahl *Nipperdeys* auf, welcher von der Grundrechtsqualität der Menschenwürdenorm ausgeht. Vor diesem Hintergrund lässt sich die Aussage des Gerichts nur dahingehend interpretieren, dass es sich bei Art. 1 Abs. 1 GG um ein Grundrecht handelt.

Anders sieht dies jedoch *Dreier*, der jedenfalls davon ausgeht, dass Art. 1 Abs. 1 GG kein subjektives Recht enthalte, vielmehr ein so genanntes sachliches Fundierungsverhältnis bestehe, wonach Art. 1 Abs. 1 GG „dirigierendes Prinzip, Auslegungsmaxime [und] verständnisleitender Grundsatz für die Grundrechte“ sei. Durch die Formulierung „Wurzel aller Grundrechte“ lasse das Bundesverfassungsgericht sämtliche Grundrechte des Grundgesetzes aus der Menschenwürdenorm „entspringen“. Dies sei jedoch insofern unbedacht formuliert, als dass ein „Entspringen“ der Grundrechte nicht so zu verstehen sei, dass der Grundrechtskatalog insgesamt aus der Menschenwürdenorm entspringe und wegen der Bestandsgarantie des Art. 79 Abs. 3 GG unabänderlich wäre. Daher steht *Dreier* dieser Formulierung insgesamt kritisch gegenüber. Sie zeige erste Anzeichen einer Ausdehnung der Menschenwürdegarantie.[151]

Die Wortwahl des Gerichts lässt allerdings auch eine Interpretation in die entgegengesetzte Richtung zu. So lässt sich folgern, dass Art. 1 Abs. 1 GG ein Grundrecht darstellt. Denn aus einer Wurzel gedeiht stets ein Gleiches, mithin ist die Wurzel aller Grundrechte selbst ein Grundrecht. Daraus folgt jedoch nicht, dass keines der Grundrechte wegen Art. 79 Abs. 3 GG unabänderlich ist. Art. 79 Abs. 3 GG benennt schließlich nur Art. 1 GG und Art. 20 GG. Nur weil die übrigen Grundrechte aus Art. 1 Abs. 1 GG als Wurzel aller Grundrechte folgen, kann nicht darauf geschlossen werden, dass die Ewigkeitsklausel auf alle Grundrechte Anwendung findet. Hiefür lässt sich anführen, dass die Grundrechte auch in ihrer Schutzintensität verschieden ausgestaltet sind, was sich insbesondere durch die schrankenlos formulierten Grundrechte im Verhältnis zu den Grundrechten mit

150 BVerfGE 93, 266 (293).
151 *Dreier*, in: Seelmann, Menschenwürde als Rechtsbegriff, 33 (36 f.).

Eingriffsvorbehalt ergibt. Dennoch handelt es sich unstreitig insgesamt um Grundrechte. Differenzierungen innerhalb der „Gattung der Grundrechte" schließen folglich den Grundrechtscharakter einer Norm nicht aus.

Mithin lässt die Bezeichnung der Menschenwürdegarantie als Wurzel aller Grundrechte keine eindeutige Deutung für oder gegen die Grundrechtsnatur des Art. 1 Abs. 1 GG im Sinne des Bundesverfassungsgerichts zu. Allerdings lässt sich angesichts der Parallele zur Wortwahl *Nipperdeys*, der von der Grundrechtsqualität der Norm ausgeht, und der aufgezeigten Interpretationsvariante auf die Annahme der Grundrechtsqualität durch das Bundesverfassungsgericht schließen.

d) Zusammenfassung

Nach alledem bleibt festzuhalten, dass das Bundesverfassungsgericht in Art. 1 Abs. 1 GG eine Norm von doppelgesichtiger Natur sieht, die sowohl objektiv-rechtlich als auch subjektiv-rechtlich wirkt. Dieses wird auch in der Literatur vertreten, soweit von der subjektiv-rechtlichen Natur der Norm ausgegangen wird. Somit kommt nach Meinung der Rechtsprechung und der überwiegenden Literatur Art. 1 Abs. 1 GG neben der Funktion eines obersten Konstitutionsprinzips auch Grundrechtsqualität zu. Nachdem dieser Kenntnisstand als gegeben hingenommen werden kann, ist im weiteren Verlauf einzig die Argumentation für die Annahme der Grundrechtsqualität weiter zu beleuchten. Insoweit fehlt es noch an einer handfesten argumentativen Stütze für die Annahme der Grundrechtsqualität.

4. Auslegung

Um der Frage nach der Rechtsnatur der Menschenwürdegarantie näher zu kommen, ist in einem ersten Schritt eine Auslegung des Art. 1 Abs. 1 GG vorzunehmen. Bevor allerdings in die Auslegung eingestiegen werden kann, muss noch festgelegt werden, in welchem Verhältnis, also in welcher Gewichtigkeit, die einzelnen Auslegungsschritte zueinander stehen. Fraglich ist damit das Rangverhältnis der Auslegungsschritte und mithin worauf abzustellen ist, wenn mehrdeutige Ergebnisse auftreten.

So wird zum einen vertreten, dass zwischen den einzelnen Auslegungselementen eine Gleichwertigkeit besteht.[152] Dies führt aber unweigerlich zu dem Problem, dass Fälle, in denen die Auslegung nach den unterschiedlichen Schritten unterschiedliche Ergebnisse hervorruft, nicht eindeutig entschieden werden

152 *Häberle*, in: Revue Européenne de droit public 2000, 867 (879).

können. Zur Lösung wird daher vorgeschlagen, wertende Gesichtspunkte in die Auslegung einzubeziehen, um somit ein eindeutiges Ergebnis zu erzielen.[153] Geht man jedoch davon aus, dass die Auslegung ausschließlich durch die Anwendung der traditionellen Auslegungsschritte zu erfolgen hat und wertende Gesichtpunkte damit nicht einbezogen werden können, so ist zur Erreichung eines eindeutigen Ergebnisses die Festlegung eines Rangverhältnisses zwischen den einzelnen Auslegungsschritten zwingend erforderlich. Die klassischen Auslegungsmethoden sind auch zur Verfassungsinterpretation anwendbar. Denn nur die Anwendung fester Regeln kann der Gefahr einer wertungsgebundenen Interpretation entgegnen. Eine wenig subjektiv geprägte Interpretation führt dann auch zu mehr Geltungskraft des Rechts.

Peter Zaar vertritt, dass die Gewichtung der Auslegungselemente je nach Auslegungsgegenstand stattzufinden habe. Ist der Auslegungsgegenstand eine Norm des Strafgesetzbuches, so bilde stets der Wortlaut die äußerste Grenze. Soweit eine Verfassungsinterpretation vorzunehmen ist, seien ebenfalls die spezifischen Besonderheiten zu beachten. Diese lägen darin, dass ein Spannungsfeld zwischen der erforderlichen Offenheit der Auslegung hinsichtlich neuer zu bewältigender Entwicklungen einerseits und der Beschränkung des Aussagegehalts einer Verfassungsnorm andererseits, um Stabilität, Nachvollziehbarkeit und Objektivität zu sichern, zu bewältigen sei. Die Lösung liege nun in einem dynamischen Auslegungselement, welches den Veränderungen in der Lebenswirklichkeit Rechnung tragen könne, aber gleichzeitig einer Überprüfung durch die festen Auslegungsschritte standhalten müsse. Hierfür eigne sich die Auslegung nach dem Sinn und Zweck, so dass schlussendlich die teleologische Auslegung das zentrale Element darstelle.[154]

Nach alledem ist eine dem klassischen Auslegungscanon folgende Interpretation des Art. 1 Abs. 1 GG vorzunehmen. Hinsichtlich der Gewichtigkeit der einzelnen Auslegungselemente kann sich der Argumentation *Zaars* angeschlossen werden, so dass, soweit Uneindeutigkeiten auftreten, der Telos der Norm die entscheidende Weichenstellung vorgeben wird. Dafür spricht, dass die anderen Auslegungselemente – Wortlaut, Historie und Systematik – ihrer Natur nach in gewisser Weise statisch sind. Eine Interpretation gegen den eindeutigen Wortlaut einer Norm ist ebenso wenig möglich, wie eine Auslegung, die dem erklärten Willen des Verfassungsgebers widerspricht und zugleich nicht reichlich begründet werden kann. Auch die systematische Auslegung findet eindeutige Grenzen in den Aussagen des Gesetzes und kann nicht beliebig festgelegt werden. Eine Anpassung der Verfassungsnormen auf Veränderungen der Zeit ist aber schon des-

153 *Hesse*, Grundzüge des Verfassungsrechts, Rn. 67.
154 *Zaar*, Wann beginnt die Menschenwürde nach Art. 1 GG?, S. 35 ff.

halb erforderlich, um die normative Relevanz der Normen zu erhalten. Indem ein interpretatorischer Wandel akzeptiert wird, wird zugleich die Rechtssicherheit gestärkt, denn eine Verfassungsänderung wird entbehrlich. Schließlich kann durch den ermittelten zeitgemäßen Sinn und Zweck einer Norm begründet werden, weshalb etwa der Wille des Verfassungsgebers nicht mehr maßgeblich sein kann. Der Telos einer Verfassungsnorm ist damit das entscheidende Auslegungskriterium.

a) Wortlautauslegung

In einem ersten Schritt ist damit eine Auslegung des Wortlauts des Art. 1 Abs. 1 GG vorzunehmen. Auffällig ist zunächst, dass der Wortlaut der Norm expressis verbis kein Recht des einzelnen Grundrechtsträgers auf Achtung und Schutz seiner Menschenwürde festlegt. So lautet der Wortlaut nicht etwa: „Jeder Mensch hat das Recht auf Achtung und Schutz seiner Menschenwürde." Demgegenüber ist eine ausdrückliche Benennung eines Rechts des Grundrechtsträgers an anderer Stelle der Verfassung durchaus vorhanden, so beispielsweise in Art. 2 Abs. 1 und 2, Art. 5 Abs. 1, Art. 8 Abs. 1, Art. 9 Abs. 1, Art. 12 Abs. 1 GG, so dass dies zunächst gegen die Annahme des subjektiv-rechtlichen Charakters der Menschenwürdenorm sprechen würde. Andererseits normiert das Grundgesetz auch Grundrechte, obgleich von einem Recht oder einem Anspruch des Berechtigten im Verfassungstext nicht die Rede ist. Dies lässt sich durch Art. 3, Art. 4, Art. 6, Art. 7, Art. 10, Art. 11, Art. 13 und Art. 14 GG belegen. Mithin führt der Mangel der ausdrücklichen Festlegung eines Rechts oder eines Anspruchs nicht zu dem Ergebnis, dass ein solches in Art. 1 Abs. 1 GG nicht gewährt ist.

Möglicherweise spricht aber die Formulierung doch für die Annahme der Verbürgung eines subjektiv-öffentlichen Rechts. Denn Art. 1 Abs. 1 GG lautet: „Die Würde *des* Menschen ist unantastbar", wodurch der Mensch als Individuum und damit als Rechtssubjekt der Würde benannt wird. So wurde nicht etwa die allgemeine Formulierung „die Würde *der Menschen* ist unantastbar" gewählt. Die Benennung eines konkreten Rechtssubjekts erscheint schließlich sinnwidrig, wenn nicht ein korrespondierendes subjektives Recht gewährt werden soll. Eine solche Interpretation geht auch mit der ganz weitgehend anerkannten Schutznormtheorie einher, wonach eine Norm dann ein subjektives Recht enthält, wenn die Norm nicht nur dem öffentlichen Interesse zu dienen bestimmt ist, sondern zumindest auch dem Interesse des Einzelnen.[155]

Art. 1 Abs. 1 Satz 2 GG normiert weiterhin die Verpflichtung aller staatlichen Gewalt, die Menschenwürde zu achten und zu schützen. Damit ist die staatliche

155 *Maurer*, Allgemeines Verwaltungsrecht, § 8, Rn. 8.

Gewalt Verpflichteter der Vorschrift. Fraglich ist, ob der Verpflichtung auch eine Berechtigung korrespondiert, die von dem Berechtigten als subjektives Recht geltend gemacht werden kann.[156] Zum einen wird vertreten, dass von der normierten Rechtspflicht nicht zwingend auf ein subjektives Recht geschlossen werden kann.[157] Andererseits spricht sich *Höfling* dafür aus, dass der normierten Verpflichtung jedenfalls ein subjektives Recht korrespondiere.[158] Für letzteres spricht, dass eine Verpflichtung nur halb so viel wert ist, wenn sie von dem Berechtigten nicht eingefordert werden kann. Dann handelt es sich vielmehr um eine reine Selbstverpflichtung, die aber nicht so stark ist, wie eine Verpflichtung, die auch geltend gemacht werden kann. Insbesondere vor dem Hintergrund, dass derjenigen Auslegung der Vorzug zu geben ist, welche die stärkste Wirkungskraft für die Norm entfaltet, ist daher die Verpflichtung der staatlichen Gewalt, die Menschenwürde zu achten und zu schützen, in dem Sinne zu interpretieren, dass aus ihr gleichsam ein subjektives Recht des Berechtigten, des Menschen, folgt. Schließlich muss dies umso mehr gelten, als es sich um die Menschenwürdegarantie und damit um das subjektivste Recht des Menschen schlechthin handelt. Die besseren Argumente sprechen demnach für letztere Ansicht, so dass sich in der Zusammenschau feststellen lässt, dass mit *aller staatlichen Gewalt* ein Verpflichteter benannt wird, gegen den der berechtigte Mensch sein subjektives Recht aus Art. 1 Abs. 1 GG geltend machen kann.

Über den Wortlaut des Abs. 1 hinaus ist fraglich, ob sich aus den Abs. 2 und 3 ein Schluss auf die Rechtsnatur des Art. 1 Abs. 1 GG ergibt. In Abs. 2 des Art. 1 entzündet sich Streit insbesondere an der Auslegung des Wortes *darum*. Durch das Wort *darum* wird eine Verbindung zwischen der Menschenwürde des Abs. 1 und dem Bekenntnis zu den Menschenrechten in Abs. 2 hergestellt, die dem Menschen aufgrund seines Menschseins zukommen.[159] Daraus folgt ferner, dass, um die Menschenwürde zu gewährleisten, die nachfolgenden Grundrechte anerkannt sind. Jedoch kann daraus keine Aussage über den Rechtscharakter des Art. 1 Abs. 1 GG getroffen werden. Ebenso wenig kann aus Abs. 3 gefolgert werden, dass es sich bei Art. 1 Abs. 1 GG nicht um ein Grundrecht handelt. Freilich wird stets darauf hingewiesen, dass es die *nachfolgenden Grundrechte* heißt. Allerdings beinhalten nicht alle nachfolgenden Artikel Grundrechte und weiterhin sind grundrechtsgleiche Rechte auch außerhalb des ersten Abschnitts normiert. Darüber hinaus ist die Wortwahl auch nachvollziehbar, weil Art. 1 Abs. 1 GG bereits in seinem Satz 2 die Verpflichtung aller staatlichen Gewalt zum

156 Vgl. *Krawietz*, in: Wilke/Weber, Gedächtnisschrift Klein, 245 (278 f).
157 *Zaar*, Wann beginnt die Menschenwürde nach Art. 1 GG?, S. 102 f.
158 *Höfling*, in: Sachs, Grundgesetz, Art. 1, Rn. 4; *ders.*, in: JuS 1995, 857 (858).
159 *Jarass*, in: ders./Pieroth, Grundgesetz, Art. 1, Rn. 17.

Schutz und zur Achtung der Menschenwürde enthält. Soweit Art. 1 Abs. 1 GG ebenso ein Grundrecht ist wie die folgenden Artikel, muss für diese eben noch eine Verpflichtung der Staatsgewalt normiert werden. Art. 1 Abs. 1 Satz 2 GG bezieht sich ja ausschließlich auf Satz 1.[160]

Damit lässt sich nach einem ersten Schritt der Wortlautinterpretation noch keine definitive Erkenntnis darüber erlangen, ob der Verfassungstext ein Grundrecht auf Achtung und Schutz der Menschenwürde vorsieht. Jedenfalls ist die Anerkennung eines Grundrechts nach dem Wortlaut aber auch nicht ausgeschlossen.

b) Historische Auslegung

Weiterhin ist nun eine historische Auslegung vorzunehmen. Dabei ist insbesondere der rechtliche Zustand vor Entstehung des Grundgesetzes zu bewerten, um daraus sogleich Anhaltspunkte für den Willen des Grundgesetzgebers zu erlangen.

Das Verständnis der Würde als Rechtsbegriff, durch welchen der Würdeschutz unter menschenrechtlichen Gesichtspunkten gewährleistet werden sollte, war in Deutschland seit den Zeiten des Deutschen Reiches vorhanden, wie sich durch die Begründung zu § 139 der Paulskirchenverfassung belegen lässt. Allerdings prägte der menschenrechtliche Aspekt noch nicht ausschließlich das Verständnis des rechtlichen Würdebegriffs, vielmehr trat ein sozialrechtlich geprägtes Verständnis hinzu. In der Weimarer Reichsverfassung war der rechtliche Würdebegriff stark sozialökonomisch geprägt. Eine Abkehr von der sozialen Komponente hin zu einem menschenrechtlich dominierten Würdeverständnis entwickelte sich dann aus den Erfahrungen des Zweiten Weltkriegs heraus und fand eine erste schriftliche Fixierung in der UN-Charta und der Allgemeinen Erklärung der Menschenrechte. In den vorkonstitutionellen Landesverfassungen wiederum findet sich die Würde in verschiedenen Aspekten und Kontexten niedergeschrieben, so etwa in der Präambel, einem Katalog der Grundrechte, aber auch im Zusammenhang mit Staatszielvorgaben. Damit lässt sich festhalten, dass der rechtliche Würdebegriff insbesondere durch die Erfahrungen während des zweiten Weltkriegs von einem menschenrechtlichen Verständnis geprägt war, daneben allerdings weitere Schutzrichtungen anerkannt wurden.

Weiterhin wurden auch die Arbeiten an einer gesamtdeutschen Verfassung durch den Konvent von Herrenchiemsee und den Parlamentarischen Rat maßgeblich durch die Erfahrungen und Erlebnisse der Nazizeit geprägt. Aus dem

---

160 *Zippelius*, in: Dolzer/Vogel/Graßhof, Bonner Kommentar, Art. 1 Abs. 1 und 2, Rn. 25.

Formulierungsvorschlag von Herrenchiemsee – *Der Staat ist um des Menschen willen da, nicht der Mensch um des Staates willen* – wie auch aus den verschiedenen Entwicklungsstufen der Fassung des Parlamentarischen Rates wird ein Grundkonsens deutlich: Die künftige Verfassung sollte eine Maximierung subjektiver Rechte gewährleisten und sich damit klar gegen die Naziherrschaft richten, in welcher subjektive Rechte gänzlich außer Acht blieben. Dies konnte insbesondere durch die Normierung der Menschenwürde im Abschnitt *Die Grundrechte* erreicht werden, denn die Menschenwürde bringt die Subjektivität des Menschen schlechthin zum Ausdruck. Die klare subjektiv-rechtliche Ausrichtung der Verfassung wird noch unterstützt, indem die Menschenwürde an den zentralsten Punkt im Verfassungsganzen gestellt wurde.

Damit spricht die Entwicklung des Rechtsbegriffs *Würde* für den Willen des Verfassungsgebers, eine subjektiv-rechtliche Norm zu schaffen. Art. 1 GG wurde auch stets im Rahmen der Beratungen der Grundrechte von dem zuständigen Ausschuss für Grundsatzfragen behandelt. Von der Intention, subjektive Rechte zu verbürgen, war die Nachkriegszeit geprägt. Insoweit spricht die historische Interpretation für die Annahme der Grundrechtsqualität der Menschenwürdenorm.

c) Systematische Auslegung

Möglicherweise unterstützt die systematische Auslegung das nach der historischen Auslegung gefundene Ergebnis, dass es sich bei der Menschenwürdenorm um eine solche mit Grundrechtsqualität handelt. Zunächst ist festzustellen, dass sich Art. 1 Abs. 1 GG an der Spitze des Abschnitts *Die Grundrechte* befindet. Dies hilft aber insoweit nicht weiter, als dass in diesem Abschnitt nicht ausschließlich grundrechtliche Normierungen enthalten sind (vgl. nur Art. 1 Abs. 3 und Art. 19 Abs. 1 bis 3, die sich zwar auf Grundrechte beziehen, aber selbst keine darstellen), und weiterhin sind auch außerhalb des ersten Abschnitts grundrechtsgleiche Rechte niedergelegt (so Art. 20 Abs. 4, Art. 33 Abs. 1 bis 3, Art. 38 Abs. 1 Satz 1, Art. 101, Art. 103 und Art. 104).[161] Folglich ist aus der Stellung der Norm im Verfassungsganzen kein durchschlagendes Argument für oder gegen die Grundrechtsnatur der Norm zu ziehen.

d) Teleologische Auslegung

Damit bleibt als klärender Interpretationsschritt nur die Frage nach dem Sinn und Zweck von Art. 1 Abs. 1 GG. Insoweit wurde oben bereits festgestellt, dass der

161 *Zaar*, Wann beginnt die Menschenwürde nach Art. 1 GG?, S. 103 f.

Telos einer Verfassungsnorm objektiv, mithin frei von subjektiven Einflüssen des Interpreten und orientiert an der zur Zeit der Auslegung herrschenden Lebenswirklichkeit, zu ermitteln ist.

Der besondere Sinn und Zweck des Art. 1 Abs. 1 GG liegt darin, den Schutz des Einzelnen als selbstbestimmte Person zu gewährleisten.[162] Die Menschenwürde schützt den Einzelnen als Subjekt, so dass eine subjektiv-rechtliche Verbürgung die einzig logische Konsequenz sein kann.[163] Dem Ausdruck der Subjektivität des Einzelnen wird eben nur durch die Gewährung eines subjektiven Rechts und damit einer Klagbarkeitsstütze ausreichend Rechnung getragen. Als Grundrecht kann Art. 1 Abs. 1 GG dann im Wege der Verfassungsbeschwerde durchgesetzt werden, vgl. Art. 93 Abs. 1 Nr. 4a GG.[164]

Dies lässt sich angesichts der Herausforderungen unserer Zeit noch untermauern. Die Annahme einer subjektiv-rechtlichen Menschenwürdenorm würde dazu führen, dass der Würdeanspruch konkretisiert werden müsste. Seit Inkrafttreten des Grundgesetzes konnte eine abstrakte, negative Schutzbereichsdefinition aufgrund der Evidenz der Würdeverletzungen ausreichen. Betrachtet man nun aber die Fortschritte in der modernen Biomedizin so werden neue Gefahrenlagen deutlich, die mehr denn je eine Konkretisierung des Würdeanspruchs erfordern. Die Annahme eines bloß objektiven Prinzips der Menschenwürde kann diese Herausforderungen nicht mehr bewältigen. Somit ist durch die Anerkennung der Grundrechtsqualität des Art. 1 Abs. 1 GG eine Auslegung gewährleistet, die der Lebenswirklichkeit entspricht. Ferner wurde oben aufgezeigt, dass die Argumentation für eine bloß objektiv-rechtliche Norm einen „naturrechtlichen Anker"[165] als Begründung voraussetzt. Es wurde jedoch auch darauf hingewiesen, dass so subjektive Vorstellungen in die Interpretation der Norm einbezogen werden, die weder mit dem Wortlaut des Grundgesetzes noch aus der Historie heraus zu begründen sind. Insgesamt sprechen die besseren Argumente für eine Interpretation, die sich am positiven Recht und nicht an subjektiven Vorstellungen orientiert. Nur so kann dem Sinn und Zweck der Menschenwürdenorm Rechnung getragen werden.

5. Zusammenfassung

Nachdem der Wortlaut und die Systematik keine eindeutige Aussage über einen etwaigen Grundrechtscharakter des Art. 1 Abs. 1 GG bereithielten, deuten auf

---

162 *Herdegen*, in: Maunz/Dürig, Grundgesetz, Band I, Art. 1 Abs. 1, Rn. 26.
163 Starck, in: von Mangoldt/Klein/Starck, Grundgesetz, Band I, Art. 1, Rn. 26.
164 *Zaar*, Wann beginnt die Menschenwürde nach Art. 1 GG?, S. 102.
165 *Böckenförde*, in: FAZ, vom 03. September 2003, S. 33.

eben diesen um so mehr die Ermittlung des Willens des Verfassungsgebers und der historischen Umstände zur Zeit der Verfassungsgebung, sowie schlussendlich der ermittelte, zeitgemäße Telos der Norm hin. Insoweit sei nochmals darauf hingewiesen, dass der Sinn und Zweck strikt von objektiven Erwägungen geleitet zu bestimmen ist. Nur in Anbetracht der festgestellten Grundrechtsqualität kommt unserem ersten und so enorm bedeutsamen Verfassungssatz die erforderliche Rechtssicherheit und normative Bedeutung zu.

Folglich führt der aufgezeigte Auslegungsweg dazu, den Grundrechtscharakter des Art. 1 Abs. 1 GG anzuerkennen. Da dies aber vielerorts – und dies mit ebenso plausiblen Argumenten – bestritten wird, kann die Begründung der Grundrechtsqualität des Art. 1 Abs. 1 GG hier noch nicht zu Ende sein.

6. Charakteristika der Grundrechte

Nachdem die widerstreitenden Ansichten der Debatte in der Literatur, sowie die Haltung des Bundesverfassungsgerichts anhand seiner Rechtsprechung dargestellt wurden, gilt es nun, eine Argumentation für die Annahme der Grundrechtsqualität der Menschenwürdenorm aufzuzeigen, die das gefundene Auslegungsergebnis zu Art. 1 Abs. 1 GG weiter untermauert. Das Ergebnis der Auslegung, dass Art. 1 Abs. 1 GG Grundrechtsqualität zukommt, könnte dadurch unterstützt werden, dass Art. 1 Abs. 1 GG auch die Merkmale aufweist, die den Grundrechtsnormen gemein sind. Es geht mithin darum, die Charakteristika der Grundrechte herauszuarbeiten.

a) Wortlautauslegung

Fraglich ist daher zunächst, durch welchen Wortlaut sich die Grundrechte auszeichnen. Der Wortlaut der Grundrechte kennzeichnet sich grundsätzlich durch eine kurze und knappe Formulierung, die zugleich inhaltlich weit ist. Allerdings gibt es hiervon auch Ausnahmen, wie etwa Art. 13 GG zeigt. Art. 13 GG enthält sieben Absätze, in welchen die in den Abs. 2 bis 7 geregelten Schrankenregelungen eine detaillierte Beschreibung erfahren haben. Der umfangreiche und detailtreue Wortlaut der Norm kollidiert mit den Vorteilen einer kurzen und weiten Formulierung, nämlich der Allgemeingültigkeit und zeitlosen Geltung. Daher kann gegen Art. 13 GG auch der Vorwurf erhoben werden, dass es sich nicht um ein typisches Grundrecht handelt. Dass Art. 13 GG nicht als typisches Grundrecht angesehen werden kann, macht deutlich, dass die knappe und inhaltlich weite Formulierung ein Charakteristikum der Grundrechte darstellt.

Eine Besonderheit der Grundrechte liegt weiterhin in ihrer inhaltlichen Reichweite. Die Grundrechte dienen vorrangig der Freiheitssicherung des Bürgers gegen den Staat und verbürgen daher elementare Rechte. Aus dieser Tatsache heraus ergibt sich, dass sie inhaltlich weit sein *müssen*. Entsprechend ihrer inhaltlichen Ausrichtung lässt sich eine grundsätzliche Systematisierung der Grundrechte vornehmen. So können die Grundrechte nach ihrer Schutzrichtung in Freiheits-, Gleichheits- und Teilhaberechte gegliedert werden.

Ein weiteres Charakteristikum der Grundrechte ist die Möglichkeit ihrer Einschränkbarkeit. Einige Grundrechte enthalten ausdrückliche Schrankenregelungen, andere werden hingegen – dem Wortlaut nach – schrankenlos gewährt. Die Schrankenregelungen dienen erneut der möglichst zeitlosen Geltung der Grundrechte und ergeben sich daher aus der weiten Formulierung. Denn der Verfassungsgeber konnte bei Schaffung der Grundrechte nicht vorhersehen, in welchem Umfang die benannten Rechte gewährt werden können. Durch die Schrankenregelungen werden die Schutzbereiche von *außen* begrenzt und so werden widerstreitende Rechtsgüter in Einklang gebracht.[166] Folglich ist eine weite Positionsverbürgung gegeben, die dann aber eingeschränkt werden kann, soweit gerechtfertigt. Dies trifft auch auf die vorbehaltlos gewährleisteten Grundrechte zu, die durch verfassungsimmanente Schranken eingeschränkt werden können. Die Weite des Wortlauts wird damit der erforderlichen Allgemeingültigkeit der Grundrechte gerecht und führt dazu, dass sie einer Anpassung in der Interpretation unterworfen sind und dies ja auch sein müssen, um in Zukunft ihre Wirkkraft zu bewahren. Aus dem hohen Abstraktionsgrad folgt mithin die Zeitlosigkeit der Grundrechte.[167]

Weiterhin benennen die Grundrechte den Grundrechtsberechtigten und den Grundrechtsverpflichteten. Aus Art. 1 Abs. 1 Satz 2 und Abs. 3 GG ergibt sich zunächst, dass der Staat Verpflichteter ist. Der Grundrechtsberechtigte wird vom Wortlaut der Grundrechte unterschiedlich umschrieben. So heißt es etwa in Art. 2 Abs. 1 und 2 GG sowie Art. 5 Abs. 1 GG *jeder* und in Art. 4 Abs. 3 GG *niemand*. Ferner lautet Art. 8 Abs. 1 GG sowie Art. 12 Abs. 1 GG *alle Deutschen*. Damit wird zwischen den jedem Menschen zustehenden Menschenrechten und den so genannten Deutschengrundrechten unterschieden. Der Grundrechtsberechtigte fordert seine Grundrechte demnach gegenüber dem Staat ein. Hierzu steht ihm gem. Art. 93 Abs. 1 Nr. 4a GG die Verfassungsbeschwerde zur Verfügung.

---

166 Damit wird die so genannte Außentheorie anerkannt, *Eisner*, Die Schrankenregelung der Grundrechtecharta der Europäischen Union, S. 164.

167 *Eisner*, Die Schrankenregelung der Grundrechtecharta der Europäischen Union, S. 164.

Schließlich folgt aus dem Wortlaut der Grundrechte, dass es sich um so genannte self-executing Normen handelt, die einer weiteren Umsetzung nicht bedürfen, sondern unmittelbare Geltung entfalten.[168]

Nach alledem lassen sich anhand des Wortlauts der Grundrechte die folgenden grundrechtstypischen Merkmale festhalten: Die Grundrechte sind in der Regel kurz und knapp sowie inhaltlich weit formuliert. Daraus ergibt sich die Möglichkeit der Systematisierung in Freiheits-, Gleichheits- und Teilhaberechte und zum anderen die Notwendigkeit der Einschränkbarkeit, damit auch in Zukunft die Allgemeingültigkeit und zeitlose Geltung der Grundrechte gesichert ist. Dabei sind die Grundrechte eben auch einem interpretatorischen Wandel unterworfen.

b) Historische Auslegung

An dieser Stelle ist aufzuzeigen, welche Vorstellungen über die Grundrechte, ihre Natur und ihr Wesen, für den Parlamentarischen Rat bei der Schaffung der Normen leitend waren. Der Parlamentarische Rat entschied sich bewusst für einen Grundrechtskatalog, obgleich in Dokument I der Frankfurter Dokumente die Vorgabe enthalten war, ein reines Organisationsstatut von lediglich provisorischem Charakter zu schaffen. Aus dieser Entscheidung folgt, dass die Mitglieder des Parlamentarischen Rates die „nordatlantisch-westeuropäische Verfassungstradition" anerkannten und sich daran orientierten. Die Vorstellungen im Parlamentarischen Rat zu der Rechtsnatur der Grundrechte lassen sich über die Äußerung *Schmids* nachvollziehen, wonach die Grundrechte „nicht bloße Deklamationen, Deklarationen oder Direktiven sein [sollten], nicht nur Anforderungen an die Länderverfassungen, nicht nur eine Garantie der Ländergrundrechte, sondern unmittelbar geltendes Bundesrecht, auf Grund dessen jeder einzelne Deutsche, jeder einzelne Bewohner unseres Landes vor den Gerichten soll Klage erheben können."[169] Ausgehend von dieser Prämisse und geprägt durch die jüngste Vergangenheit beschränkte sich der zuständige Ausschuss für Grundsatzfragen auf die Formulierung „liberaler und justiziabler" Grundrechte, wohingegen auf die Aufnahme von sozialen oder wirtschaftlichen Grundrechten verzichtet worden ist.[170] Konkret war die inhaltliche Festlegung der Grundrechte durch die revolutionären Menschenrechtsdokumente der Neuzeit, die Virginia Bill of Rights und die französische Erklärung der Menschen- und Bürgerrechte, sowie mit Blick auf die nationale Entwicklung durch die Paulskirchenverfassung und

168 *Isensee*, in: ders./Kirchhof, Handbuch des Staatsrechts, Band V, § 115, Rn. 137.
169 *Dreier*, in: ders., Grundgesetz, Band I, Vorb. Rn. 18.
170 *Dreier*, in: ders., Grundgesetz, Band I, Vorb. Rn. 19.

die Weimarer Reichsverfassung geleitet.[171] Ebenso wurde die parallele Entwicklung auf internationaler Ebene, mithin die Schaffung der UN-Charta und der Allgemeinen Erklärung der Menschenrechte, verfolgt und in die Überlegungen miteinbezogen.[172] Es bleibt festzuhalten, dass es um die Verbürgung von freiheitlichen Rechten ging, mithin um konkrete Positionsverbürgungen des Menschen und Staatsbürgers gegen den Staat, die justiziabel sein sollten. Es ging darum, eine Maximierung subjektiver Rechte zu erreichen und sich damit deutlich gegen die Nazizeit zu wenden, in welcher subjektive Rechte schlechthin nicht existierten.[173] Die Tatsache, dass die Justiziabilität der künftigen Grundrechte derart betont wurde, mag sich auch aus den Erfahrungen während der Weimarer Republik heraus erklären. An die in der Weimarer Reichsverfassung enthaltenen „Grundrechte" war der Gesetzgeber nicht gebunden und so stellte sich die Frage, ob diese überhaupt als einklagbare Rechte des Individuums ausgestaltet waren.[174] Daher war die eindeutige Möglichkeit der rechtlichen Durchsetzbarkeit Voraussetzung für die Normierung subjektiver Rechte.

c) Systematische Auslegung

Weiterhin ist nach systematischen Vorgaben zu forschen, die das Grundgesetz hinsichtlich der Grundrechtsqualität einer Norm enthält. Der erste Blick führt insoweit zu dem ersten Abschnitt des Grundgesetzes mit der Überschrift *Die Grundrechte*. Dass das Grundgesetz einen Abschnitt allein für die Grundrechte zur Verfügung stellt, hat zur Folge, dass eine Indizwirkung hinsichtlich der Grundrechtsqualität der in diesem Abschnitt befindlichen Normierungen anzunehmen ist. Allerdings ist es bei näherer Betrachtung ja nun so – und dies ist auch anerkannt – dass nicht alle Normierungen des Abschnitts Grundrechte sind und sich grundrechtsgleiche Rechte auch außerhalb dieses Abschnitts befinden. Dennoch ist nicht von der Hand zu weisen, dass bei einem ersten Blick auf die

171 Der Begriff des Grundrechts ist seiner terminologischen Genese nach auf das lex fundamentalis, das Grundgesetz, zurückzuführen. Erstmalig wurde der Begriff des Grundrechts im Zusammenhang mit der Freiheitssicherung des Bürgers gegen den Staat 1848 verwendet. Der Begriff des Grundrechts hatte sich bis zu den Verhandlungen zur Paulskirchenverfassung begriffstechnisch gefestigt. Ab diesem Zeitraum kann jedenfalls von „Grundrechten" im deutschen Rechtsraum die Rede sein. Vgl. dazu Suppé, Die Grund- und Menschenrechte in der deutschen Staatslehre des 19. Jahrhunderts, S. 21 f.

172 *Dreier*, in: ders., Grundgesetz, Band I, Vorb. Rn. 20.

173 *Zaar*, Wann beginnt die Menschenwürde nach Art. 1 GG?, S. 102.

174 *Hofer*, Die ideengeschichtlichen Quellen der Grundrechte des Grundgesetzes, S. 177.

Verfassung davon ausgegangen werden kann, dass in dem betitelten Abschnitt *Die Grundrechte* Normierungen zu finden sind, die Grundrechte enthalten.

Dies wird noch unterstützt, indem man die Systematik durch die Brille des Verfassungsgebers betrachtet. Nach dem Willen des Verfassungsgebers kam es maßgeblich darauf an, justiziable Rechte zu schaffen. Folglich bedurfte es einer Normierung, die die Durchsetzung der gewährten subjektiv-öffentlichen Rechte regelt und diese findet sich in Art. 93 Abs. 1 Nr. 4a GG, welcher dem Einzelnen die Verfassungsbeschwerde als Rechtsmittel der Einklagbarkeit seiner subjektiven verfassungsrechtlichen Gewährleistungen an die Hand gibt. In Art. 93 Abs. 1 GG heißt es: *Das Bundesverfassungsgericht entscheidet über Verfassungsbeschwerden, die von jedermann mit der Behauptung erhoben werden können, durch die öffentliche Gewalt in einem seiner Grundrechte [...] verletzt zu sein.* Damit wird auf den ersten Abschnitt verwiesen. Unter Berücksichtigung der Vorstellungen im Parlamentarischen Rat kann auch aus systematischer Erwägung nur der Schluss gefolgert werden, dass Grundrechte solche Rechte des ersten Abschnitts sind.

d) Teleologische Auslegung

Schließlich ist fraglich, worin der Sinn und Zweck der Grundrechte liegt. Moderne Verfassungen zielen insgesamt darauf, die übermächtige Staatsmacht einzuschränken. Die Gewaltausübung ist nur noch in den durch die Verfassung vorgegebenen Normen erlaubt. Hinsichtlich der Rechte des Einzelnen wird der Schutz vor staatlicher Obrigkeit durch die Grundrechte gewährleistet. Sie sind Ausdruck dieser Begrenzung und geben dem Berechtigten ein subjektiv-öffentliches Recht an die Hand. Die gewährten Rechte können gem. Art. 93 Abs. 1 Nr. 4a GG auch im Wege der Verfassungsbeschwerde eingefordert werden.

e) Ergebnis

Wie sich gezeigt hat, ergeben sich aus dem Grundgesetz die Charakteristika, die erfüllt sein müssen, um von einer Norm mit Grundrechtsqualität auszugehen. Zusammenfassend lässt sich daher sagen, dass Grundrechte des Grundgesetzes stets verfassungsrechtlich schriftlich fixiert sind, in der Regel knapp formuliert und dabei inhaltlich weit sowie für den Einzelnen durchsetzbar sein müssen. Ferner zeichnen sich die Grundrechte durch die Möglichkeit der Einschränkbarkeit aus.

Es gibt mithin Elemente, die von allen Grundrechtsnormen erfüllt werden und weiterhin gibt es auch Differenzen. Zur Festlegung des Wesens und der Natur der Grundrechte kann es indes nur auf die maßgeblichen Charakteristika ankommen. Somit ergibt sich folgende Definition: Ein Grundrecht ist ein verfassungsrechtlich normiertes elementares Recht des Individuums, das mit der Verfassungsbeschwerde gegen den Staat durchsetzbar ist.

f) Art. 1 Abs. 1 GG als Grundrecht nach den gefundenen Kriterien

Die Menschenwürdegarantie des Art. 1 Abs. 1 GG müsste demnach ein verfassungsrechtlich schriftlich normiertes elementares Recht des Individuums verbürgen, welches von dem Berechtigten mit der Verfassungsbeschwerde gegen den Staat durchgesetzt werden kann.

Die Menschenwürdegarantie ist durch Art. 1 Abs. 1 GG in der Verfassung schriftlich normiert. Weiterhin verbürgt Art. 1 Abs. 1 GG die *Würde des Menschen*. Die Würde zeichnet einen Menschen als Menschen aus und unterscheidet den Menschen von anderen Lebewesen. Nur der Mensch ist würdefähig. Die Fähigkeit zur Würde macht einen Menschen erst zu einem Menschen. Durch die Anerkennung der Würde wird der Mensch gleichzeitig als Subjekt anerkannt. Es geht mithin um den Menschen als Individuum, als individuelles Subjekt. Damit wird auch ein elementares Recht des Individuums verbürgt. Weiterhin ist die Menschenwürdegarantie des Art. 1 Abs. 1 GG mit der Verfassungsbeschwerde gegen den Staat durchsetzbar. Dies folgt aus dem in Art. 93 Abs. 1 Nr. 4a GG enthaltenen Verweis auf den ersten Abschnitt, in welchem auch Art. 1 Abs. 1 GG enthalten ist. Schließlich hat das Bundesverfassungsgericht auch schon über zahlreiche Verfassungsbeschwerden gestützt auf Art. 1 Abs. 1 GG entschieden.[175] Folglich weist Art. 1 Abs. 1 GG die entscheidenden Kriterien auf, so dass die Grundrechtsqualität der Norm endgültig zu bejahen ist.

7. Exkurs: Ein Blick ins Völker- und Europarecht

Weiterhin soll ein Blick auf die Verbürgung von elementaren Rechten im Völker- und Europarecht geworfen werden. Fraglich ist daher, welche Anforderungen erfüllt sein müssen, um von einem Menschenrecht oder einem Gemeinschaftsgrundrecht ausgehen zu können.

a) Völkerrecht

Das Völkerrecht erkennt zum Schutze der Menschen die Menschenrechte an. Die Menschenrechte stehen dem Menschen schon aufgrund seiner Zugehörigkeit zur Spezies Mensch zu. Damit liegen sie staatlicher Gewalt voraus und knüpfen

175 BVerfGE 15, 283 (286); 28, 151 (163); 28, 243 (263); 61, 126 (137).

vielmehr an naturrechtliche Vorstellungen an. Menschenrechte werden durch völkerrechtliche Verträge gewährt, die in Deutschland durch Ratifizierung innerstaatliche Geltung erlangen.

Betrachtet man den Wortlaut der Menschenrechte so ergeben sich Unterschiede zu den Erkenntnissen hinsichtlich der Grundrechte. Die Menschenrechte zeichnen sich nicht durch eine grundsätzlich kurze und knappe Formulierung aus. Vielmehr handelt es sich häufig um detaillierte Gewährleistungen.[176] Dies folgt aus der Normierung der Menschenrechte innerhalb der völkerrechtlichen Verträge. Denn auf der einen Seite werden umfassende Kataloge von Menschenrechten gewährleistet, wie durch die UN-Menschenrechtsdokumente und die Europäische Menschenrechtskonvention, in welchen sich dann auch knapp formulierte Verbürgungen finden, andererseits können derartige Verträge auch lediglich auf den Schutz einzelner Aspekte abzielen, wie etwa den Schutz vor Folter, so dass spezifische Rechte normiert werden, die sich durch eine detaillierte Formulierung auszeichnen.

Insgesamt lassen sich auch die Menschenrechte kategorisieren, indem an die Schutzgegenstände angeknüpft wird. Unterschieden wird zwischen Rechten der ersten, der zweiten und der dritten Generation. Rechte der ersten Generation sind die Freiheitsrechte. In der zweiten Generation werden wirtschaftliche, soziale und kulturelle Rechte zusammengefasst und innerhalb der dritten Generation werden Rechte wie etwa das Recht auf eine lebenswerte Umwelt, auf Frieden und auf Solidarität gewährleistet.[177] Im Unterschied zu den Grundrechten, wurden im Laufe der Zeit neue Rechte geschaffen, die auf neue Lebensumstände reagieren sollten. Die Menschenrechte an sich weisen damit nicht das Maß an Entwicklungsoffenheit auf, das den Grundrechten notwendig innewohnt, um ihre normative Relevanz nicht einzubüßen. Dies entspricht auch der Art und Weise der Verbürgung. Dadurch dass die Menschenrechte universell gelten sollen und die Verträge durch die Einzelstaaten zu ihrer Geltung ratifiziert werden müssen, ist ein interpretatorischer Wandel der Rechte der ersten Generation gar nicht möglich. Dies liegt entscheidend an dem Mangel einer einheitlichen Gerichtsbarkeit für die Durchsetzung der Menschenrechte. Die Schwierigkeit eines interpretatorischen Wandels liegt ferner darin, den großen rechtlichen Unterschieden der Unterzeichnerstaaten gerecht zu werden. Allerdings bleibt festzuhalten, dass sich auch die Menschenrechte dadurch kennzeichnen, dass sie den Schutz des Individuums gegen den Staat gewährleisten sollen. Die Durchsetzung dieser Rechte durch den Einzelnen stellt sich allerdings als weitgehend unmöglich heraus. Zwar

---

176 Vgl. etwa Art. 5, 6 EMRK, Art. 6, 8, 9, 14, IPbürgR, Art. 8, 10, 11, 13, IPwirtR, Art. 24 der Genfer Flüchtlingskonvention.

177 *Hailbronner*, in: Graf Vitzthum, Völkerrecht, III Rn. 221.

gibt es den von den Vereinten Nationen eingerichteten Internationalen Gerichtshof, vor dem aber nur Staaten parteifähig sind (Art. 34 Abs. 1 IGH-Statut). Für den Einzelnen gibt es dagegen keine allgemeine Völkergerichtsbarkeit. Einzig nach der Europäischen Menschenrechtskonvention ist es ihm möglich, seine gewährten Rechte auch gerichtlich durchzusetzen.[178]

Als Ursprung der Menschenrechte können die Virginia Bill of Rights sowie die französische Erklärung der Menschen- und Bürgerrechte angesehen werden. Darüber hinaus ist die Verbürgung von Menschenrechten maßgeblich durch die Erfahrungen des zweiten Weltkrieges geprägt, so dass es auch im internationalen Recht darum geht, subjektive Rechte zu gewährleisten. Insoweit ist eine Parallelentwicklung auf inter- und nationaler Ebene festzustellen, wobei die internationalen Menschenrechtsdokumente eine Vorbildwirkung für den Parlamentarischen Rat hatten.

Aus systematischer Sicht lässt sich festhalten, dass Menschenrechte durch völkerrechtliche Verträge verbürgt werden. Hierbei handelt es sich stets um ein abschließendes Gesetzeswerk, das durch Ratifizierung innerstaatlich Geltung erlangt. Diese Verträge dienen einzig dem Zweck der Normierung subjektiver Rechte. Zu differenzieren ist zwischen Menschenrechtsverträgen, die internationale Geltung beanspruchen und regionalen Verträgen, wie etwa der Europäischen Menschenrechtskonvention. Einschränkend ist darauf hinzuweisen, dass die Durchsetzung der Menschenrechte in den Staaten unterschiedlich erfolgreich ist. Allerdings besteht dennoch ein breiter Konsens hinsichtlich der Verbürgung dieser grundlegenden Rechte.

Der Sinn und Zweck der Menschenrechte liegt folglich in der Sicherung eines Mindeststandards an Rechten, die dem Menschen unabhängig von Nationalität, ethischer Zugehörigkeit oder Religionszugehörigkeit schlicht deshalb zustehen, weil er ein Mensch ist.

b) Europarecht

Weiterhin werden auf supranationaler Ebene die Europäischen Grundrechte gewährleistet, welche der Europäische Gerichtshof im Zuge seiner Rechtsprechung entwickelt hat. Die Europäischen Grundrechte folgen aus gemeinsamen Verfassungsüberlieferungen mit Blick auf europäische Besonderheiten. Eine rechtlich verbindliche Kodifizierung der Europäischen Grundrechte gibt es (noch) nicht. Damit werden im Unterschied zum deutschen Verfassungsrecht die Europäischen Grundrechte gewohnheitsrechtlich anerkannt. Allerdings wurde im Jahre 2000

178 *Hailbronner*, in: Graf Vitzthum, Völkerrecht, III Rn. 238 ff.

die Charta der Grundrechte der Europäischen Union feierlich proklamiert.[179] Die Proklamation der Charta führte jedoch nicht zur Rechtsverbindlichkeit derselbigen, da eine Ratifikation durch die Mitgliedstaaten noch nicht erfolgt ist.[180] Die (noch) mangelnde Rechtsverbindlichkeit der Charta führt dazu, zum jetzigen Zeitpunkt lediglich von einer Kodifikation eines europaweiten Grundrechtsverständnisses aus in den Mitgliedstaaten verbindlichen Grundrechtsgewährleistungen auszugehen.[181] Der Inhalt der Charta lässt sich entsprechend der Überschriften der Kapitel in folgende Gruppen kategorisieren: *Würde des Menschen*, *Freiheiten*, *Gleichheit*, *Solidarität*, *Bürgerrechte*, *Justizielle Rechte* und *Allgemeine Bestimmungen*.[182]

Der Wortlaut der Grundrechte der Charta zeichnet sich auch weitgehend durch seine Kürze aus. Allerdings sind die Verbürgungen inhaltlich insofern weiter, als dass auch soziale und wirtschaftliche Rechte normiert wurden. Dies entspricht den durch den Europäischen Gerichtshof entwickelten Grundrechten und ist mit Rücksicht auf die besondere wirtschaftliche Ausrichtung der Europäischen Union zu erklären.

Die Historie der Europäischen Grundrechte ist noch jung und daher nicht durch Menschenrechtsverletzungen wie etwa zu Zeiten des Zweiten Weltkrieges geprägt. Vielmehr bestand schon ein hoher Standard an menschenrechtlichen Schutzvorschriften. Dennoch wurden erneut Fundamentalrechte zum Schutze der Würde, der Freiheit und der Gleichheit der Menschen aufgenommen. Dies ist aber auch erforderlich, da der Europäischen Gemeinschaft Obrigkeitsrechte übertragen worden sind.

In systematischer Hinsicht lässt sich feststellen, dass die Charta der Grundrechte in einem separaten Vertragswerk niedergelegt worden ist. Allerdings war geplant, die Charta in den Vertrag über eine Verfassung für Europa zu inkorporieren. Wann und ob dieser Vertrag zustande kommen wird, lässt sich nicht sagen. Davon, dass er Gemeinschaftsgrundrechte enthalten wird, ist jedoch auszugehen.

Mit Blick auf den Sinn und Zweck der Gemeinschaftsgrundrechte ist erneut die besondere wirtschaftliche Ausrichtung der Europäischen Union zu bedenken. Es gilt, einen weiten subjektiv-rechtlichen Schutz in denjenigen Bereichen zu gewährleisten, in welchen die Gemeinschaft aufgrund ihrer übertragenen Befugnisse eingreifen kann. Im Gegensatz zum Völkerrecht sind die Europäischen

179 *Hector*, in: Bröhmer, Der Grundrechtsschutz in Europa, 180.

180 Eisner, Die Schrankenregelung der Grundrechtecharta der Europäischen Union, S. 64.

181 *Hector*, in: Bröhmer, Der Grundrechtsschutz in Europa, 180 (181).

182 *Eisner*, Die Schrankenregelung der Grundrechtecharta der Europäischen Union, S. 79 ff.

Grundrechte auch justiziabel, sie sind vor dem Europäischen Gerichtshof durchsetzbar.

c) *Zusammenfassung*

Auf internationaler Ebene sind Normen elementarer subjektiver Rechtsverbürgungen nur teilweise knapp formuliert, hingegen soweit es um den Schutz eines bestimmten menschenrechtlichen Aspekts geht, detaillierter. Die Notwendigkeit einer steten Fortentwicklung ergibt sich aus der Kategorisierung der Rechte nach ihren Generationen. Maßgeblich geht es um den Schutz vor staatlichen Eingriffen. Dass es sich bei den Menschenrechten nicht um self-executing Normen handelt, hat mit dem Umsetzungserfordernis des Völkerrechts zu tun. Weiterhin sind die gewährten Rechte nur begrenzt durchsetzbar.

Derzeit werden Europäische Grundrechte, welche der Europäische Gerichtshof in seiner Rechtsprechung entwickelt hat, lediglich gewohnheitsrechtlich anerkannt. Inhaltlich orientieren sich die verbürgten Rechte einerseits an der besonderen wirtschaftlichen Ausrichtung der Europäischen Union, andererseits werden aber auch elementare Freiheitsrechte gewährleistet.

Weiterhin hat sich das Grundrechtsverständnis europäischer Staaten durch die Grundrechtscharta manifestiert. Nach den Erläuterungen des Konvents wird auch in der Normierung der Unantastbarkeit der Menschenwürde ein Grundrecht gesehen. So heißt es zu dem Kapitel *Würde des Menschen*: „Die Würde des Menschen ist nicht nur ein Grundrecht an sich, sondern bildet das eigentliche Fundament der Grundrechte.“[183] Insgesamt zeichnen sich die in die Charta aufgenommenen Rechte durch ihre grundsätzlich knappe Formulierung aus, wobei sie inhaltlich, wie die bereits anerkannten Grundrechte, den besonderen Zielen der Europäischen Union Rechnung tragen.

Im Ergebnis bleibt damit festzuhalten, dass von einer grundrechtlichen Norm nach tradiertem internationalen, europarechtlichen und verfassungsrechtlichen Verständnis dann auszugehen ist, wenn es sich um die Verbürgung eines elementaren Rechts handelt, welches vor staatlicher Obrigkeit schützt.

II. Die Anwendbarkeit des Art. 1 Abs. 1 GG

Ausgangspunkt für den nächsten Untersuchungsschritt ist nun, dass Art. 1 Abs. 1 GG das wichtigste und stärkste Grundrecht unseres Grundgesetzes verbürgt. Dabei gestaltet sich die Konkretisierung des Anspruchs auf Achtung und Schutz der

---

183 *Hector*, in: Bröhmer, Der Grundrechtsschutz in Europa, 180 (193).

Würde als äußerst schwierig.[184] Es scheiden sich die Geister gerade an der Frage nach der Festlegung des sachlichen Schutzbereichs und der dazu heranzuziehenden Methodik. Insbesondere ist streitig, ob die Bestimmung des sachlichen Schutzbereichs durch eine Negativdefinition oder aber durch eine positive Bestimmung des Inhalts der Menschenwürde geschehen soll. Hinsichtlich des personellen Schutzbereichs ist die Frage nach dem Beginn des Würdeschutzes äußert umstritten. Daher soll sich der Gang der Untersuchung so darstellen, dass die verschiedenen Herangehensweisen aufgezeigt und kritisch bewertet werden. Schließlich muss entschieden werden, welche Interpretations- und Konkretisierungsmethode angebracht und zeitgemäß ist und schließlich dazu führt, die Menschenwürdegarantie als praktisch handhabbares Grundrecht zu gewährleisten. Es geht mithin insbesondere im Rahmen des sachlichen Schutzbereichs darum, eine Annäherung an die grundrechtsdogmatischen Strukturen zu erreichen und daher die Methodik festzulegen, anhand welcher die dogmatischen Strukturen zumindest weitgehend angewendet werden können. Die Anwendung der dogmatischen Strukturen leitet nicht nur die wissenschaftliche Diskussion, sondern führt praktisch auch zu mehr Rechtssicherheit. Dies ist ein Ziel, das insbesondere bei dem so wichtigen Grundrecht des Art. 1 Abs. 1 GG und der hier zu beobachtenden Verwässerung der Strukturen und der damit einhergehenden inflationären Handhabung der Norm, voranzutreiben ist.

1. Schutzbereich

Die Ermittlung des Schutzbereichs der Menschenwürdegarantie ist von einiger Schwierigkeit geprägt.[185] Dieser Problematik war man sich bereits während der Beratungen im Parlamentarischen Rat bewusst, weshalb *Heuß* von der Menschenwürdegarantie als „nicht interpretierte These" sprach.[186] Diese Aussage macht deutlich, dass Interpretation und Ausgestaltung der Norm Rechtsprechung und Literatur übertragen worden sind.[187] Bis dato finden sich daher zahlreiche Interpretationsansätze zu Art. 1 Abs. 1 GG, die die verschiedenen Grundeinstellungen der Interpreten erkennen lassen.

184 Weiterhin zu den Besonderheiten bei der Anwendung des Art. 1 Abs. 1 GG *di Fabio*, Der Schutz der Menschenwürde durch Allgemeine Programmsätze, S. 19 f.
185 Vgl. *Pieroth/Schlink*, Grundrechte, Rn. 353.
186 *Pikart/Werner*, in: Deutscher Bundestag, Der Parlamentarische Rat, Band 5/I, S. 72.
187 *Nettesheim*, in: AöR 130 (2005), 71 (76).

a) Personeller Schutzbereich

Zunächst ist der personelle Schutzbereich und damit der Grundrechtsträger zu ermitteln. Umstritten ist insoweit der Beginn des Menschseins und mithin der Beginn der Rechtssubjektivität. Der lebende Mensch ist jedenfalls Rechtssubjekt im Sinne von Art. 1 Abs. 1 GG, so dass er sein Grundrecht auf Achtung und Schutz seiner Würde realisieren kann. Das Ende des Menschseins und damit des subjektiv-rechtlichen Würdeschutzes liegt nach ganz überwiegender Ansicht in dem Eintritt des Herztodes, so dass der Mensch ab diesem Zeitpunkt tatbestandlich nicht mehr existiert.[188]

aa) Meinungsbild

Bei der Festlegung des personellen Schutzbereichs zu Beginn des Menschseins ergeben sich also Probleme. Insoweit besteht ein weit gefächertes Meinungsbild, welches von der Anerkennung subjektiv-rechtlichen Würdeschutzes ab Kernverschmelzung, über die Anerkennung ab Nidation und schließlich erst ab Geburt reicht.[189] Hierbei geht es nicht um die Frage nach der Schutzintensität, sondern einzig darum, ab welchem Zeitpunkt ein würdefähiger Mensch, mithin Rechtssubjektivität vorgeburtlichen Lebens anerkannt wird. Es ist stets zu bedenken, dass die Festlegung des Beginns des personellen Schutzbereichs von der Intention geleitet sein muss, ein für ein Grundrecht anwendbares Verständnis zu finden.

(1) Mensch ab Kernverschmelzung

In der Literatur wird die Ansicht vertreten, dass das Merkmal *Mensch* ab Kernverschmelzung gegeben ist und folglich ab diesem Zeitpunkt subjektiv-rechtlicher Würdeschutz gewährt wird.[190] Dabei wird nicht zwischen einer Kernverschmelzung in-vivo oder in-vitro unterschieden.[191]

Hierfür wird zunächst das so genannte Kontinuitätsargument angeführt, wonach ab dem Zeitpunkt der Befruchtung ein kontinuierlicher Entwicklungspro-

---

188 Art. 1 Abs. 1 GG entfaltet über den Herztod hinaus nur objektiv-rechtliche Fortwirkungen, so auch *Herdegen*, in: Maunz/Dürig, Grundgesetz, Band I, Art. 1 Abs. 1, Rn. 52; a.A. *Kunig*, in: von Münch/Kunig, Grundgesetz, Band I, Art. 1 Rn. 15.

189 Darüber hinaus wird auch nach der Schutzintensität differenziert, wobei dies nicht an dieser Stelle, sondern im Rahmen der Darstellung zum sachlichen Schutzbereich zu erörtern ist. So vertritt etwa *Herdegen*, in: JZ 2001, 773 (774), dass bei vorgeburtlichem Leben ein abgestufter Würdeschutz geboten ist.

190 *Ekardt/Kornack*, in: KritV 2006, 349 (351) m.w.N.

191 *Zaar*, Wann beginnt die Menschenwürde nach Art. 1 GG?, S. 69 f.

zess stattfinde, der nur noch eine quantitative jedoch keine qualitative Änderung mehr mit sich bringe.[192] Weiterhin wird darauf verwiesen, dass mit dem Zeitpunkt der Befruchtung die genetische Identität des sich entwickelnden Menschen festgelegt sei. Mit diesem so genannten Identitätsargument beruft man sich also darauf, dass ab der Befruchtung der komplette Chromosomensatz zum ersten Mal feststeht. Auch das Geschlecht des sich entwickelnden Lebens ist bereits bestimmt. Der Chromosomensatz wird sich auch im Laufe der Entwicklung nicht mehr ändern.[193] Darüber hinaus wird das Potentialitätsargument angeführt, wonach ab Kernverschmelzung eine Zelle geschaffen sei, die das Potential in sich trage, sich, unter den erforderlichen Umständen, zu einem Menschen zu entwikkeln.[194] Schließlich gibt es noch das so genannte Speziesargument. Danach wird jedem menschlichen Leben im Sinne von Art. 2 Abs. 2 Satz 1 GG auch Würde zuerkannt. Menschliches Leben beginne ab dem Zeitpunkt der Kernverschmelzung, so dass hier auch der Beginn des Würdeschutzes verortet sei.[195]

Aufgrund der Festlegung des Beginns des Würdeschutzes ab Kernverschmelzung und damit ab dem Beginn menschlichen Lebens ist die Argumentation mit der Begründung zum Beginn des Lebensschutzes nach Art. 2 Abs. 2 Satz 1 GG weitgehend deckungsgleich.[196] Daher sprechen sich auch eine Vielzahl von Autoren für die Kopplung von Art. 1 Abs. 1 GG und Art. 2 Abs. 2 Satz 1 GG aus.

Es lassen sich jedoch auch starke Argumente finden, welche gegen die Verortung des Beginns des Würdeschutzes ab Kernverschmelzung sprechen. So ist dem Identitätsargument entgegen zu halten, dass es nach Kernverschmelzung noch zu einer eineiigen Mehrlingsbildung kommen kann und so mehrere Individuen mit gleichem Chromosomensatz entstehen können. Demnach kann allein anhand des Chromosomensatzes ein Individuum vor Nidation noch nicht als solches festgelegt werden.[197] Weiterhin spricht gegen das Potentialitätsargument, dass einer Zelle allein aufgrund ihres Potentials, sich zu einem Menschen zu entwickeln, Würde zugesprochen wird. Damit wird allerdings der Schutzbereich der Menschenwürde zu weit ausgedehnt. Es finden sich schließlich keine Anhaltspunkte in der Verfassung dafür, dass eine totipotente Zelle geschützt werden soll.

---

192 *Haßmann*, Embryonenschutz, S. 91, *Junk*, Embryonale Forschung, S. 94.

193 *Zaar*, Wann beginnt die Menschenwürde nach Art. 1 GG?, S. 70; vgl. auch *Haßmann*, Embryonenschutz, S. 93; *Junk*, Embryonale Forschung, S. 97.

194 *Zaar*, Wann beginnt die Menschenwürde nach Art. 1 GG?, S. 71; vgl. auch *Haßmann*, Embryonenschutz, S. 99 f.

195 *Zaar*, Wann beginnt die Menschenwürde nach Art. 1 GG?, S. 74.

196 So auch *Zaar*, Wann beginnt die Menschenwürde nach Art. 1 GG?, S. 69, Fn. 224.

197 *Zaar*, Wann beginnt die Menschenwürde nach Art. 1 GG?, S. 70; vgl. auch *Hofmann*, in: JZ 1986, 253 (258); *Heun*, in: JZ 2002, 517 (521).

Vielmehr geht es um den Schutz konkreter Rechtssubjekte.[198] Hieran lässt sich anschließen und zugleich Kritik an dem so genannten Kontinuitätsargument äußern. Es sind nämlich ebenso keine Anhaltpunkte zu finden, die dafür sprechen, einen Grundrechtsstatus allein aufgrund der Tatsache anzuerkennen, dass sich die befruchtete Eizelle kontinuierlich weiterentwickelt.

Abschließend kann die Gleichsetzung der Schutzbereiche des Art. 1 Abs. 1 GG und des Art. 2 Abs. 2 Satz 1 GG nicht überzeugen. Beide Schutzgüter müssen ihren Schutzumfang getrennt voneinander entfalten.[199] Insgesamt bleibt daher der Eindruck, dass eine ungerechtfertigte Ausweitung des personellen Schutzbereichs auf den Zeitpunkt der Kernverschmelzung erfolgt. Die angeführten Argumente für diese Ansicht können insoweit nicht überzeugen.

(2) Mensch ab Geburt

Weiterhin wird die Ansicht vertreten, dass Würdeschutz ab Geburt einsetzt.[200] Die Menschenwürde sei als konkreter Schutz für konkrete Subjekte zu verstehen. So wird maßgeblich darauf abgestellt, dass der Würdeschutz nicht bereits für menschliches Leben eingreift, sondern eben ein Mensch vorhanden sein muss. Ein Mensch existiere aber erst ab Geburt. Dies wiederum wird damit begründet, dass ab diesem Zeitpunkt typisch menschliche Merkmale wie etwa Vernunft, Ich-Bewusstsein oder die Fähigkeit zu Selbstbestimmung gegeben seien.[201] Schon bei *Kant* sei das typisch Menschliche an erster Stelle die Vernunft. Die Achtung der Würde sei eine Tugendpflicht und damit nur dem geborenen Menschen vorbehalten. Auch die Fähigkeit zur Interaktion mit anderen Menschen zeichne einen Menschen aus. Mithin geht es dieser Ansicht nach darum, Kriterien zu finden, die einen Menschen als Menschen erkennbar machen, wobei es um eine soziale Erkennbarkeit geht, das bedeutet, dass der Mensch im Rahmen einer Bewertung durch seine Mitmenschen als Mensch erkennbar sein muss.[202]

Das stärkste Argument dieser Ansicht ist sicherlich der Verweis auf den Wortlaut des Art. 1 Abs. 1 GG. Es heißt schließlich die Würde des *Menschen* ist unantastbar und nicht etwa des *menschlichen Lebens*. Weiterhin kann auch darauf verwiesen werden, dass sowohl in der Literatur als auch in der Rechtsprechung stets zwischen den Begriffen des vorgeburtlichen Lebens und des Menschen unterschieden wird. Von einem Menschen wird stets erst ab Geburt gesprochen.

---

198 *Schmidt-Jortzig*, in: DÖV 2001, 925 (930).
199 Siehe dazu noch unten S. 105 ff.
200 *Dreier*, in: ders., Grundgesetz, Band I, Art. 1 I, Rn. 64.
201 *Dreier*, in: ders., Grundgesetz, Band I, Art. 1 I, Rn. 64.
202 *Schmidt-Jortzig*, in: DÖV 2001, 925 (930).

Ferner wird argumentiert, dass der Beginn der Rechtssubjektivität im einfachen Recht auch erst ab dem Zeitpunkt der Geburt gegeben ist. Dieser Verweis sei auch möglich und widerspreche nicht der Gesetzeshierarchie, denn die Verfassung selbst treffe keine Aussage darüber, ob auch vorgeburtliches Leben vom Menschenwürdesatz erfasst sei.[203] Nach dem Bürgerlichen Recht beginnt die Rechtssubjektivität gem. § 1 BGB mit der Vollendung der Geburt. Im Strafrecht wird der Embryo nicht als Mensch im Sinne der Körperverletzungs- und Tötungsdelikte betrachtet. So ist etwa die Abtreibung noch bis zur 12. Schwangerschaftswoche straffrei. Der Schutz des vorgeburtlichen Lebens ist in den §§ 218 ff. StGB gesondert geregelt. Daher ließe sich darauf schließen, dass auch in der Verfassung die Rechtssubjektivität erst ab Geburt und damit ab dem Zeitpunkt, in welchem unstreitig ein Mensch existiere, gegeben sei.

Zwar lassen sich die Wertungswidersprüche zwischen dem einfachen und dem Verfassungsrecht nicht verbergen, aber dennoch kann die Argumentation nicht in dem gleichen Maße überzeugen, wie der Verweis auf den Wortlaut des Art. 1 Abs. 1 GG. Schließlich legt jedes Gesetzeswerk für sich fest, wann die Rechtssubjektivität beginnt. Darüber hinaus kann das Verfassungsrecht aufgrund der Normenhierarchie nicht anhand des einfachen Rechts ausgelegt werden. Soweit die Verfassung selbst keine Regelungen enthält, ist nach den verfassungsrechtlichen Vorgaben zu suchen.

Weiterhin kann die Argumentation dahingehend, dass etwas typisch Menschliches wie etwa Ich-Bewusstsein vorhanden sein müsse deshalb nicht überzeugen, weil Kleinstkinder oder geistig behinderte Menschen, die zu einer solchen Reflektion nicht in der Lage sind, von dem Grundrecht auf Achtung und Schutz der Würde ausgeschlossen wären. Dass aber gerade diese Menschen auf den grundrechtlichen Würdeschutz angewiesen sind, zeigen die Grausamkeiten des Naziregimes.

(3) Die Sichtweise des Bundesverfassungsgerichts

Nunmehr ist zu klären, wie das Bundesverfassungsgericht in seiner Rechtsprechung zu der Festlegung des Merkmals *Mensch* im Sinne des Art. 1 Abs. 1 GG steht. Dass jedem Menschen „ohne Rücksicht auf seine Eigenschaften, seine Leistungen und seinen sozialen Status“ Menschenwürde zukommt, hat das Bundesverfassungsgericht ebenso festgestellt, wie die Tatsache, dass es unerheblich ist, „ob der Träger sich seiner Würde bewusst ist und sie selbst zu wahren weiß.“[204] Dies sagt jedoch noch nichts darüber aus, ab wann das Bundesverfas-

---

203 Vgl. *Dreier*, in: ZRP 2002, 377 (381 f.).
204 BVerfGE 39 1, (41); 87, 209 (228).

sungsgericht diesen umfangreichen Schutz der Menschenwürde gewähren möchte.

Hierzu sind die soeben zitierten Entscheidungen zum Schwangerschaftsabbruch näher zu betrachten. Der Schlüsselsatz der ersten Entscheidung lautet: „Wo menschliches Leben existiert kommt ihm Menschenwürde zu.“[205] Daraus kann gefolgert werden, dass nach Ansicht des Gerichts, der Beginn des menschlichen Lebens zugleich den Beginn der Würdefähigkeit markiert. Allerdings lässt das Gericht eine eindeutige Antwort in seinen Ausführungen dahingehend vermissen, ab wann menschliches Leben beginnt.[206] In Anlehnung an die Ansicht in der Literatur, die den subjektiv-rechtlichen Würdeschutz ab Kernverschmelzung beginnen lässt, könnte man davon ausgehen, dass auch das Bundesverfassungsgericht den Beginn des Würdeschutzes ab Kernverschmelzung verortet. Dennoch lässt sich daraus noch nicht auf eine definitive Festlegung des Merkmals *Mensch* schließen, denn es mangelt der Entscheidung auch an einer Aussage darüber, ob der nasciturus Grundrechtsträger ist.[207] Daher bleibt unklar, ob das Gericht lediglich objektiv-rechtlichen oder auch subjektiv-rechtlichen Schutz gewähren will.

In der zweiten Entscheidung des Bundesverfassungsgerichts zum Schwangerschaftsabbruch heißt es, dass dem Embryo *jedenfalls* ab der Einnistung in der Gebärmutter Menschenwürde zukommt.[208] Auch hier bleibt die Frage unbeantwortet, ob es sich um subjektiv-rechtlichen Würdeschutz handelt, denn es wurde lediglich auf die staatliche Schutzpflicht abgestellt.

Insgesamt lässt sich anhand dieser Entscheidungen keine definitive Erkenntnis darüber erlangen, ab wann das Bundesverfassungsgericht den subjektiv-rechtlichen Schutz des Art. 1 Abs. 1 GG als einschlägig ansieht.

(4) Mensch ab Nidation

Weiterhin wird in der Literatur vertreten, dass der würdefähige Mensch ab dem Zeitpunkt der Nidation tatbestandlich vorhanden ist.[209] Hierfür würde schließlich auch die Aussage des Bundesverfassungsgerichts sprechen, dass *jedenfalls* ab Nidation Menschenwürdeschutz besteht.

---

205 BVerfGE 39, 1 (41).

206 *Haßmann*, Embryonenschutz, S. 76.

207 Das Bundesverfassungsgericht hat bisher in all seinen Entscheidungen offen gelassen, wann der Grundrechtsschutz beginnt, *Heun*, in: JZ 2002, 517 (519).

208 BVerfGE 88, 203 (251 f.).

209 *Kunig*, in: von Münch/Kunig, Grundgesetz, Band I, Art. 1 Rn. 14; *Schmidt-Jortzig*, in: Schleswig-Holsteinische Anzeigen 2005, 65 (67); *ders.*, Rechtsfragen der Biomedizin, S. 33.

Für diese Ansicht spricht zunächst, dass erst ab dem Zeitpunkt der Nidation zweifelsohne ein Individuum vorliegt, denn bis zur Nidation kann es schließlich noch zu einer natürlichen Zellteilung der Zygote und damit zu einer Mehrlingsbildung kommen. Darüber hinaus spricht für diese Ansicht, dass die Nidation einen wichtigen Entwicklungsschritt darstellt. Vor der Nidation findet nämlich noch ein natürlicher Selektionsprozess statt, indem nicht überlebensfähige Embryonen auf natürlichem Wege abgestoßen werden. Schließlich spricht die besondere Bindung, die ab Nidation zwischen dem sich entwickelnden Embryo und der Mutter besteht, für diese Ansicht. Erst nach Einnistung des Embryos in den menschlichen Uterus handelt es sich erkennbar um einen menschlichen Embryo. Dies lässt sich indes vor Nidation nicht festlegen. Insoweit kann man auch einen Mäuseembryo als menschlichen Embryo ausgeben.[210] Der Hinweis darauf, dass nur der subjektiv-rechtliche Würdeschutz ab Nidation mit der Zulässigkeit nidationshemmender Mittel in Deutschland zu vereinbaren sei, kann allerdings nicht überzeugen. Dann wird wiederum vom einfachen Recht auf das Verfassungsrecht geschlossen.

(5) Zwischenergebnis

Nach alledem bleibt festzuhalten, dass drei zeitliche Anknüpfungspunkte für die Zuerkennung der Rechtssubjektivität vorgeburtlichen Lebens und mithin der Bestimmung des Beginns des Tatbestandsmerkmals *Mensch* des Art. 1 Abs. 1 GG in Betracht kommen. Die Ansichten darüber, welches der konkrete Anknüpfungszeitpunkt sein muss, gehen auseinander. Daher kommt es maßgeblich darauf an, zu welchem Ergebnis eine Auslegung des Art. 1 Abs. 1 GG führt.

bb) Auslegung

(1) Wortlautauslegung

Der Wortlaut des Art. 1 Abs. 1 GG spricht von der Würde des *Menschen.* Betrachtet man die Debatten um den Beginn des Menschenwürdeschutzes, so fällt sofort ins Auge, dass bei vorgeburtlichem Leben in der Regel nicht von *Mensch,* sondern von vorgeburtlichem oder menschlichem Leben gesprochen oder dem jeweiligen Entwicklungsstadium entsprechend der wissenschaftliche Fachbegriff verwendet wird. Der Wortlaut der Menschenwürdegarantie spricht eben auch

---

210 *Schmidt-Jortzig*, in: DÖV 2001, 925 (929 f.), verweist darauf, dass die Gene sich insbesondere bei den Wirbeltieren stark ähneln, so zum Beispiel zwischen Maus und Mensch zu 95 Prozent.

nicht von der *Embryonenwürde* oder der *Würde der Zygote*.[211] Eine strikte Befolgung des Wortlauts würde nun dazu führen, dass subjektiv-rechtlicher Würdeschutz ausschließlich dem geborenen und lebenden Menschen zukommt. Dieses Ergebnis ist allerdings mit der Rechtsprechung und weitgehend in der Literatur unterstützten Ansicht der Zuerkennung postmortalen Würdeschutzes nicht zu vereinbaren. Damit wird die Möglichkeit einer weiteren Wortlautauslegung zumindest eröffnet.

(2) Historische Auslegung

Die Entstehungsgeschichte des Art. 1 Abs. 1 GG gibt keine Auskunft darüber, welches Verständnis hinsichtlich des Beginns des Würdeschutzes im Parlamentarischen Rat vorherrschte. Dies ist jedoch auch nicht verwunderlich. Zu Zeiten der Schaffung des Grundgesetzes waren die technischen Möglichkeiten noch nicht so weit fortgeschritten, dass an eine In-vitro-Befruchtung zu denken gewesen wäre. Folglich stellten sich viele Fragen der heutigen Diskussion erst gar nicht.[212]

(3) Systematische Auslegung

Fraglich ist damit, ob sich aus der Systematik des Grundgesetzes ein Anhaltspunkt auf den Beginn des subjektiv-rechtlichen Würdeschutzes ergibt. Art. 1 Abs. 1 GG befindet sich in dem Abschnitt *Die Grundrechte*. Ab welchem Zeitpunkt die Rechtsubjektivität gegeben ist, wird im Grundgesetz nicht festgelegt.

Aus gesetzessystematischer Sicht wird angeführt, dass die Anerkennung subjektiv-rechtlichen Würdeschutzes vorgeburtlichen Lebens nicht mit dem Verständnis der Rechtssubjektivität des Menschen im einfachen Recht zu vereinbaren ist. Im Ergebnis kann diese Argumentation aber nicht überzeugen. Vielmehr muss jedes Gesetz selbst seine Grundbegriffe definieren. Weiterhin ist der Verweis vom einfachen Recht auf das Verfassungsrecht nicht mit den Grundprinzipien des Verfassungsstaates zu vereinbaren. Demnach zeichnet sich ein moderner Verfassungsstaat durch zweierlei aus: zum einen ist dies die Anerkennung der Normativität der Verfassung, wonach die Verfassung selbst verbindliches Recht ist, und zum anderen ist dies der Vorrang des Verfassungsrechts vor dem einfachen Recht, womit die Hierarchie der Gesetze anerkannt wird. Der Vorrang der Verfassung wird auch durch Art. 20 Abs. 3 GG deutlich, indem hier das Gebot der Verfassungsmäßigkeit allen Rechts niedergelegt ist.[213] Deutschland ist ein

211 *Schmidt-Jortzig*, in: DÖV 2001, 925 (929).
212 So auch *Zaar*, Wann beginnt die Menschenwürde nach Art. 1 GG?, S. 110.
213 Wahl, in: JuS 2001, 1041 (1041 f.).

Verfassungsstaat im definierten Sinne. Somit kann eine Verfassungsauslegung nicht mit dem Hinweis auf das einfache Recht begründet werden.

(4) Teleologische Auslegung

Schließlich ist fraglich, ab wann dem Sinn und Zweck nach der *Mensch* im Sinne von Art. 1 Abs. 1 GG tatbestandlich vorhanden ist. Art. 1 Abs. 1 GG ist das stärkste Grundrecht des Grundrechtskatalogs. Dies wird nicht zuletzt aufgrund der Aufnahme in die Ewigkeitsklausel des Art. 79 Abs. 3 GG deutlich. Weiterhin sind die Grundrechte stets so zu interpretieren, dass sie die größtmögliche Geltung erlangen. Vor diesem Hintergrund ist jedenfalls eine extensive Tatbestandsinterpretation geboten. Dies würde dafür sprechen, bereits jeglicher Form menschlichen Lebens den Menschenwürdeschutz zukommen zu lassen. In Anlehnung an die biologische Fachterminologie ist der Begriff des menschlichen Lebens sehr weit, so dass bereits jede Blutzelle menschliches Leben darstellt.[214] Dies ist mit dem Sinn und Zweck der Norm allerdings nicht zu vereinbaren, der darauf abzielt die besondere Subjektqualität des Menschen zu schützen. Weiterhin würde der Schutz der Menschenwürde banalisiert werden, wenn eine solche Ausweitung vorgenommen werden würde.

Der Sinn und Zweck liegt folglich darin, einerseits umfangreichen Schutz zu gewähren aber andererseits auch die Praxistauglichkeit und die Relevanz der Normierung zu bewahren. Diesen Erfordernissen wird Rechnung getragen, wenn der Schutz ab Nidation besteht. Hierfür spricht, dass der Embryo als menschlicher und individueller Embryo erkennbar ist. Ein individueller Mensch im Sinne der Gattungszugehörigkeit ist gegeben. Damit entspricht diese Ansicht auch dem besonderen Schutz der Subjektivität, der durch Art. 1 Abs. 1 GG gewährleistet wird.

Weiterhin ist die Auslegung nach dem Sinn und Zweck streng objektiv und im Hinblick auf die Erfordernisse der Zeit vorzunehmen. Daher müssen insbesondere auch die Anforderungen, die die moderne Biomedizin an Art. 1 Abs. 1 GG stellt, Berücksichtigung finden. So lassen sich mit dieser Ansicht auch die neuen Möglichkeiten aus der Biomedizin vereinbaren. Denn soweit absoluter Schutz ab Kernverschmelzung gewährt werden würde, würden der modernen Biomedizin enge Schranken gezogen und die Möglichkeiten dadurch stark minimiert werden. Auf der anderen Seite würde der Beginn des Schutzes des Art. 1 Abs. 1 GG erst ab Geburt auch nicht dem Sinn und Zweck entsprechen, denn die Möglichkeiten der Forschung würden dann zu weit gehen. Folglich wird das Spannungsverhältnis zwischen der Gewährung umfangreichen Würdeschutzes

214 *Haßmann*, Embryonenschutz, S. 92.

und den Möglichkeiten der Biomedizin gelöst, indem subjektiv-rechtlicher Würdeschutz ab Nidation besteht. Damit ist Rechtsubjektivität und die Eröffnung des personellen Schutzbereichs des Grundrechts auf Achtung und Schutz der Menschenwürde nach dem Sinn und Zweck des Art. 1 Abs. 1 GG ab Nidation gegeben.

cc) Zusammenfassung und Ergebnis

Eine Interpretation des Tatbestandsmerkmals *Mensch* dahingehend, dass dieses ab Kernverschmelzung gegeben ist, kann nicht überzeugen. Dagegen sprechen insbesondere die Gleichstellung von Lebens- und Würdeschutz und die fehlende Erkennbarkeit als individueller, menschlicher Embryo sowie die dadurch stark begrenzten Möglichkeiten der biomedizinischen Forschung. Weiterhin ist die Annahme subjektiv-rechtlichen Würdeschutzes ab Geburt abzulehnen. Diese Ansicht argumentiert mit dem Erfordernis nach etwas typisch Menschlichem wie etwa dem Ich-Bewusstsein, doch so vermag diese Ansicht den Schutz von Kleinstkindern oder geistig behinderten Menschen nicht zu klären. Folglich ist der *Mensch* im Sinne des Art. 1 Abs. 1 GG ab Nidation tatbestandlich vorhanden. Dogmatisch spricht dafür vor allem die Möglichkeit der Trennung von dem in Art. 2 Abs. 2 Satz 1 GG verorteten Lebensschutz. Weiterhin ist der Embryo ab Einnistung im mütterlichen Uterus als menschlicher Embryo zu erkennen.

b) Sachlicher Schutzbereich

Fraglich ist weiterhin, wie der sachliche Schutzbereich der Menschenwürdenorm zu bestimmen ist. Der Schutzbereich eines Grundrechts ist grundsätzlich durch Auslegung, insbesondere in systematischer Zusammenschau mit den anderen Grundrechten, zu ermitteln.[215] Bei Art. 1 Abs. 1 GG wird dieses Vorgehen aber oftmals abgelehnt und vielmehr eine Negativinterpretation bevorzugt. Inwieweit die verschiedenen Ansichten divergieren, wird die folgende Darstellung zeigen.

aa) Die positive Schutzbereichsinterpretation

Soweit der Grundrechtsinterpret eine positive Schutzbereichsbestimmung vornimmt, ist das Herangehen dadurch geprägt, dass zunächst der Schutzbereich konkretisiert und sodann überprüft wird, ob ein Eingriff in diesen vorliegt. Der Inhalt der Menschenwürde wird mithin im Gegensatz zur Negativinterpretation ohne Blick auf den Verletzungsvorgang definiert.

---

215 *Pieroth/Schlink*, Grundrechte, Rn. 233.

Es sind drei Auffassungen zu nennen, nach welchen der Schutzbereich der Menschenwürdegarantie positiv bestimmt wird. Hierher gehört die Mitgifttheorie in ihren unterschiedlichen Ansätzen, die Leistungstheorie und ferner die jüngere Kommunikationstheorie.

(1) Die Mitgifttheorie

Eine positive Bestimmung der Menschenwürde wird anhand der Mitgifttheorie geleistet, indem Menschenwürde als ein von der Natur oder von Gott mitgegebener Wert begriffen wird.[216] Damit wird von der Seinsgegebenheit der Menschenwürde ausgegangen. Der Mensch hat demnach Würde, weil er Mensch ist.[217] Soweit die Mitgifttheorie an einer naturrechtlich-idealistischen Sicht ausgerichtet wird, wird dieser Wert als der „Eigenwert und die Eigenständigkeit, die Wesenheit, die Natur des Menschen schlechthin" begriffen.[218] Mit der naturrechtlich-idealistischen Alternative ist vor allem *Immanuel Kant* in Verbindung zu bringen. Bei dieser Definition wird die Besonderheit des Menschen an seiner Vernunft, seiner Fähigkeit zur freien Selbstbestimmung und seiner sittlichen Autonomie festgemacht.[219] Alternativ dazu wird auch eine christliche Ausrichtung der Mitgifttheorie vertreten. Die christliche Definitionsalternative ist von der Imago-Dei-Vorstellung geprägt und stellt daher auf die Besonderheit des Menschen im Rahmen der göttlichen Schöpfung ab, die eben in seiner Gottesebenbildlichkeit liegt.

Für den Ansatz der Mitgifttheorie spricht, dass die Würde als Wert mitgegeben und daher vorhanden ist, sobald menschliches Leben besteht. Folglich kann der Gefahr begegnet werden, dass Menschen von dem Würdeschutz ausgeschlossen werden. So äußerte sich auch das Bundesverfassungsgericht: „Wo menschliches Leben existiert, kommt ihm Menschenwürde zu."[220]

Auch wenn dies zunächst für eine Schutzbereichsdefinition der Menschenwürde durch die Mitgifttheorie sprechen mag, darf dennoch nicht vergessen werden, dass auf diesem Wege Würdeschutz und Lebensschutz miteinander vermengt werden. Allerdings liegt nicht in jeder Lebensbeeinträchtigung zugleich ein Eingriff in die Würde.

Gegen die Anwendung der Mitgifttheorie lässt sich weiterhin anführen, dass danach die Menschenwürde nicht ohne die außerrechtlichen Einflüsse der Theo-

---

216 *Pieroth/Schlink*, Grundrechte, Rn. 354.

217 *Zaar*, Wann beginnt die Menschenwürde nach Art. 1 GG?, S. 41.

218 *Nipperdey*, in: Neumann/Nipperdey/Scheuner, Die Grundrechte – Handbuch der Theorie und Praxis der Grundrechte, Band II, 1.

219 *Dreier*, in: ders., Grundgesetz, Band I, Art. 1 I, Rn. 55.

220 BVerfGE 39, 1 (41); 88, 203 (252).

logie und Metaphysik zu greifen ist.[221] So wird die Menschenwürde als vorstaatlicher, von Natur aus vorhandener Wert und damit nicht als rein positiv-rechtlich zu interpretierender Rechtswert verstanden.[222] Die Gewährleistung der Menschenwürde wird an die Zugehörigkeit zur Spezies „Mensch" gebunden. Eine rationale Begründung außerhalb jeglicher religiöser Anschauungen kann allerdings nicht geboten werden.[223] Damit wird eine religiöse Anschauung vorausgesetzt, die für das Recht eines säkularen Staates nicht ohne weiteres als Richtschnur genommen werden darf.[224] Ferner besteht ein weiterer Nachteil darin, dass es anhand der Mitgifttheorie nur schwer möglich ist, neue Umstände der Zeit sachgerecht zu berücksichtigen. Die Anpassung der Formel auf aktuelle Bedürfnisse erscheint nicht möglich. Insgesamt ist die Definition der Menschenwürde nach der Mitgifttheorie zu weit und unbestimmt. Somit ist das Vorgehen nach der Mitgifttheorie für eine Schutzbereichsfestlegung nicht geeignet.

(2) Die Leistungstheorie

Einen anderen Anknüpfungspunkt verfolgt die von *Niklas Luhmann* begründete Leistungstheorie, indem die Menschenwürde als Leistung der Identitätsbildung definiert wird. Danach habe der Mensch seine Würde aufgrund seines eigenen selbstbestimmten Verhaltens.[225] Würde wird mithin als „Bedingung gelingender Selbstdarstellung eines Menschen als individuelle Persönlichkeit" definiert.[226]

Für eine solche Schutzbereichsdefinition lässt sich anführen, dass der Zusammenhang der Menschenwürde mit den anderen Grundentscheidungen des Grundgesetzes hervorgehoben wird. So sichern und ermöglichen auch das Rechts- und Sozialstaatsprinzip und die Freiheits- und Gleichheitsrechte die menschliche Identitätsbildung. Ferner wird eine Parallele zu den Freiheitsrechten gezogen, indem auf Identitätsbildung und Selbstdarstellung abgestellt wird.[227] Weiterhin ist diese Theorie im Gegensatz zur Mitgifttheorie nicht an metaphysische Voraussetzungen geknüpft.[228] Ein weiterer Vorteil dieses Ansatzes besteht schließlich darin, dass unmittelbar auf konkrete Problemsituationen individueller Menschen abgestellt werden kann.[229]

---

221 *Dreier*, in: ders., Grundgesetz, Band I, Art. 1 I, Rn. 55.
222 Siehe *Hofmann*, in: AöR 118 (1993), 353 (361).
223 *Seelmann*, in: ders., Menschenwürde als Rechtsbegriff, 7 (8).
224 *Hofmann*, in: AöR 118 (1993), 353 (361).
225 *Hofmann*, AöR 118 (1993), 353 (358); *Pieroth/Schlink*, Grundrechte, Rn. 355.
226 *Luhmann*, Grundrechte als Institution, S. 61.
227 *Dreier*, in: ders., Grundgesetz, Band I, Art. 1 I, Rn. 56.
228 *Hofmann*, in: AöR 118 (1993), 353 (362).
229 *Häberle*, in: Isensee/Kirchhof, Handbuch des Staatsrecht, Band II, § 22, Rn. 39.

Andererseits bestehen auch Zweifel an der praktischen Handhabung einer Schutzbereichsdefinition nach der Leistungstheorie. Zunächst wird deutlich, dass Würde nach dieser Theorie eben kein dem Menschen von Natur aus anhaftender Wert ist, sondern erst aus der Leistung einer erfolgreichen Identitätsbildung resultiert.[230] Mit anderen Worten muss man die Würde erst durch den erfolgreichen Prozess der Identitätsbildung erlangen, Würde muss also geschaffen werden.[231] Nach diesem Interpretationsansatz ist es gerade der einzelne Mensch selbst, der bestimmt, was seine Würde ausmacht.[232] Hierin liegt dann auch ein deutlicher Kritikpunkt an der Leistungstheorie, nachdem dieser Ansatz zur Erfassung der Menschenwürde insoweit defizitär bleibt, soweit Menschen zur Leistung der Identitätsbildung nicht oder nicht mehr in der Lage sind.[233] Damit wird der egalitäre Gedanke der Menschenwürdegarantie missachtet.

(3) Die Kommunikationstheorie

Weiterhin ist auf die von *Hasso Hofmann* entwickelte Kommunikationstheorie einzugehen.[234] Hiernach wird Würde als die gegenseitige Achtung des Menschen in seinen kommunikativen Beziehungen und in seinem sozialen Geltungsanspruch verstanden. Die Würde ist folglich ein „Relations- und Kommunikationsbegriff".[235] Das Schutzgut des Art. 1 Abs. 1 GG lässt sich danach als „mitmenschliche Solidarität" bezeichnen.[236]

Dieser Ansatz unterscheidet sich von der genannten Mitgift- und der Leistungstheorie, indem die Würde als Resultat eines Anerkennungsaktes,[237] nicht aber als mitgegebener Wert des Menschen oder als menschliche Leistung verstanden wird. Es wird versucht, den Begriff der Würde rein normativ zu erfassen. Dieser normative Wert der Würde wird in einer Gemeinschaft zuerkannt und er regelt das Miteinander innerhalb der Gemeinschaft. Damit ist Würde überhaupt nur in der Gemeinschaft denkbar.[238]

---

230 *Tjaden*, Genanalyse als Verfassungsproblem, S. 82.
231 *Dreier*, in: ders., Grundgesetz, Band I, Art. 1 I, Rn. 56.
232 *Lorz*, Modernes Grund- und Menschenrechtsverständnis, S. 279 f.
233 *Dreier*, in: ders., Grundgesetz, Band I, Art. 1 I, Rn. 56.
234 *Hofmann*, in: AöR 118 (1993), 353 ff.
235 *Hofmann*, in: AöR 118 (1993), 353 (364); *Dreier*, in: ders., Grundgesetz, Band I, Art. 1 I, Rn. 57.
236 *Hofmann*, in: AöR 118 (1993), 353 (364); *Herdegen*, in: Maunz/Dürig, Grundgesetz, Band I, Art. 1 Abs. 1, Rn. 31; *Dreier*, in: ders., Grundgesetz, Band I, Art. 1 I, Rn. 57.
237 *Seelmann*, in: ders., Menschenwürde als Rechtsbegriff, 7 (8).
238 *Zaar*, Wann beginnt die Menschenwürde nach Art. 1 GG?, S. 48 f.

Für die Kommunikationstheorie spricht zum einen, dass die Leistungs- und die Mitgifttheorie kombiniert werden, indem allen Deutschen durch ihre „Versprechensleistung“ und damit aufgrund ihrer Fähigkeit zur sittlichen Selbstbestimmung ein Würdeanspruch zuerkannt wird. Anderen im Inland lebenden Menschen kommt der Würdeschutz aufgrund ihres Menschseins zu. Dies ist allerdings begrenzt auf die nationale Gemeinschaft.[239] Zum anderen ist anzuerkennen, dass diese Theorie für die Bestimmung des Grundrechtsträgers ein Fortkommen bringt und schließlich, dass die Menschenwürde heutzutage rein positiv-rechtlich, eben rein normativ zu fassen ist.[240] Es werden keine subjektiven Vorstellungen in die Interpretation eingeführt.

Gegen die Kommunikationstheorie lässt sich jedoch anführen, dass das Verständnis der Menschenwürdeklausel als ständig erneuerungsbedürftiges Versprechen nicht mit Art. 79 Abs. 3 GG zu vereinbaren ist. Die Ewigkeitsklausel konstatiert gerade, dass Art. 1 Abs. 1 GG eines gesellschaftlichen Konsenses nicht bedarf. Weiterhin kombiniert die Kommunikationstheorie zwar die Leistungs- und die Mitgifttheorie, dies führt jedoch dazu, dass es zu einer Differenzierung zwischen den Deutschen und den im Inland lebenden Menschen kommt, die so nicht zu rechtfertigen ist. Nichtdeutschen wird dadurch ein Würdeanspruch aberkannt und lediglich ein abstrakter Würdeschutz zugebilligt.[241] Schließlich ist die Theorie insoweit defizitär, als dass Menschen von dem Würdeschutz ausgeschlossen werden, die des Anerkennens nicht fähig sind, wie etwa geistig behinderte Menschen. Aber gerade diese Menschen sind auf den Schutz ihrer Würde in der Gemeinschaft angewiesen.[242]

(4) Zusammenfassung

Die Mitgift- und die Leistungstheorie überschneiden sich in einem wichtigen Punkt, indem beide die Menschenwürde als individuellen Wert begreifen, wobei je nach Ansatz die Würde mehr als Mitgift oder mehr als Eigenleistung verstanden wird.[243] Problematisch ist im Lichte neuer Herausforderungen, dass die Menschenwürde, soweit sie als Leistung verstanden wird, die Fähigkeit der sozialen Interaktion als Voraussetzung der Grundrechtsträgerschaft macht. Dies ist insbe-

---

239 *Zaar*, Wann beginnt die Menschenwürde nach Art. 1 GG?, S. 50.

240 *Dreier*, in: ders., Grundgesetz, Band I, Art. 1 I, Rn. 57.

241 Ausführlich dazu *Zaar*, Wann beginnt die Menschenwürde nach Art. 1 GG?, S. 50 f.

242 *Seelmann*, in: ders., Menschenwürde als Rechtsbegriff, 7 (8).

243 *Hofmann*, in: AöR 118 (1993), 353 (358); *Zaar*, Wann beginnt die Menschenwürde nach Art. 1 GG?, S. 42.

sondere bei frühsten Erscheinungsformen des menschlichen Lebens schwierig zu handhaben.[244]

Darüber hinaus ist den positiven Umschreibungsversuchen das Defizit gemein, dass es nur gelingt, eine „Auflistung einzelner Dimensionen des Würdeanspruchs" zu leisten.[245] So bleiben diese Definitionsansätze für die konkrete Anwendung des Art. 1 Abs. 1 GG zu vage, und geben nur Aufschluss über den grundsätzlichen Menschenwürdebegriff.[246] Die Ansätze können zudem neue Gefährdungslagen nicht befriedigend lösen. Somit bietet sich eine Anwendung dieser Definitionen als Bestimmung des Schutzbereichs nicht an. Sinn und Zweck dieser Untersuchung ist es gerade, eine Schutzbereichsermittlung festzulegen, die den Herausforderungen unserer Zeit Rechnung trägt und sie bewältigen kann. Die genannten Theorien eignen sich hierfür nicht.

bb) Die Schutzbereichsinterpretation nach Matthias Herdegen

Zur Konkretisierung des Schutzbereichs des Art. 1 Abs. 1 GG und damit zur inhaltlichen Festlegung des Begriffs der Menschenwürde wurde von *Herdegen* ein eigener Lösungsansatz entwickelt, der sich mit seinen Worten als „bilanzierende Konkretisierung" beschreiben lässt.[247]

Für die Konkretisierung der Menschenwürde hält *Herdegen* die positiven Umschreibungsversuche, wie auch das Vorgehen vom Verletzungsvorgang her anhand der Objektformel für wenig hilfreich.[248] *Herdegen* versucht vielmehr, über die seiner Meinung nach bestehende „Wertungs- und Abwägungsgebundenheit des Verletzungsurteils" dem Inhalt der Menschenwürdegarantie näher zu kommen.[249] Grundlegend ist dabei der Gedanke des ausschließlich positiv-rechtlichen Begriffsverständnisses der Würde.

(1) Die Menschenwürde als Begriff des positiven Rechts

Bei vielen Lösungsansätzen hinsichtlich der inhaltlichen Definition der Menschenwürde spielen stets außerrechtliche Einflüsse und Begründungsversuche eine große Rolle. Theologen, Philosophen und Juristen versuchen gleichermaßen zu einem befriedigenden Ergebnis zu kommen. Für den Juristen ist dabei insbesondere interessant, ob und inwieweit bei der Interpretation des grundgesetzli-

---

244 *Herdegen*, in: Maunz/Dürig, Grundgesetz, Band I, Art. 1 Abs. 1, Rn. 31 f.
245 *Herdegen*, in: Maunz/Dürig, Grundgesetz, Band I, Art. 1 Abs. 1, Rn. 31.
246 *Lorz*, Modernes Grund- und Menschenrechtsverständnis, S. 280.
247 *Herdegen*, in: Maunz/Dürig, Grundgesetz, Band I, Art. 1 Abs. 1, Rn. 43.
248 *Herdegen*, in: Maunz/Dürig, Grundgesetz, Band I, Art. 1 Abs. 1, Rn. 30 ff.
249 *Herdegen*, in: Maunz/Dürig, Grundgesetz, Band I, Art. 1 Abs. 1, Rn. 43 ff.

chen Würdebegriffs auf einen vorstaatlichen Geltungsgrund zurückgegriffen wird. Hierin liegt ein tiefgehender Disput zwischen *Dürig* und in dessen Fortführung *Böckenförde* einerseits und *Herdegen* andererseits.

In Abkehr von der lange vorherrschenden Ansicht begreift *Herdegen* die Menschenwürde im Grundgesetz ausschließlich als positiv-rechtlichen Begriff und lehnt damit die Interpretation der Würde als sittlichen Wert, der lediglich in das positive Verfassungsrecht übernommen wird, strikt ab. Dies begründet *Herdegen* historisch, indem er darauf verweist, dass im Parlamentarischen Rat zwar die Annahme eines in der Würde liegenden überpositiven Gehalts für die Geltung der Rechte des Einzelnen weitgehend begrüßt wurde, aber sich eben nicht in der heutigen Fassung des Grundgesetzes wiederfinde. Dennoch habe die im Parlamentarischen Rat vorherrschende Ansicht, dass das Grundgesetz mit der Menschenwürdeklausel deklaratorisch einen Staat und Verfassung vorgeordneten Anspruch in das positive Recht übernehme, noch beachtliche Suggestivkraft. Für die rein staatsrechtliche Betrachtung sei aber nur die Exegese der Menschenwürde als Begriff des positiven Rechts maßgebend.[250]

Somit wird der Einführung naturrechtlicher Vorstellungen in das Verfassungsrecht ebenso eine Absage erteilt, wie der Verknüpfung der Menschenwürde mit vorgelagerten geistig-ethischen Inhalten, so dass der geistesgeschichtliche Hintergrund jeglicher normativer Relevanz entbehrt.[251]

Die rein positiv-rechtliche Interpretation des Menschenwürdebegriffs ist zu begrüßen. Dadurch wird der Entwicklung der Menschenwürde von einem theologischen, philosophischen und später metaphysischen Begriffsverständnis hin zu einem anerkannten Rechtsbegriff Rechnung getragen. Seit die Würde zu einem Rechtsbegriff und ihr Schutz und ihre Achtung zu einer Rechtspflicht geworden sind, können die außerrechtlichen Bedeutungen nicht mehr zu ihrer Begründung herangezogen werden. Vielmehr zeigt die heutige weit gefächerte Bedeutung der Würde in den verschiedenen Disziplinen, dass die Würde je nach „Bedeutungsgebiet" einer eigenen Inhaltsbestimmung bedarf. Eine interdisziplinäre Bestimmung des Rechtsbegriffs der Würde kann daher nicht überzeugen. Die Akzeptanz der Menschenwürdegarantie als Freiheitsrecht einer modernen Gesellschaft verlangt gleichzeitig die theologischen, philosophischen und metaphysischen Wurzeln, die sich anfänglich in naturrechtlichen Grundsätzen niedergeschlagen haben, zu überwinden. Das Fundament der freiheitsrechtlich geprägten Gesellschaft

250 *Herdegen*, in: Maunz/Dürig, Grundgesetz, Band I, Art. 1 Abs. 1, Rn. 17.
251 *Böckenförde*, in: FAZ vom 03. September 2003, S. 33.

sind die Freiheitsrechte selbst, nicht hingegen ein übergeordneter Geltungsgrund.[252]

Die positiv-rechtliche Interpretation der Menschenwürde führt ferner zur „Offenheit und Reaktionsfähigkeit" der Norm auf gesellschaftliche Wandlungen. Nur ein positives und damit offenes Rechtsverständnis erscheint geeignet, der Vielfältigkeit einer modernen Gesellschaft gerecht werden zu können. Der Pluralismus moralischer Überzeugungen muss ebenso durch das Recht bewältigt werden wie die innovativen Fortschritte in der Wissenschaft. Damit ist einzig eine positive Interpretation der Menschenwürde zukunftsfähig und folglich annehmbar.[253]

(2) Die divergierenden Sichtweisen nach Herdegen

Nun ist zu erläutern, worin *Herdegen* die maßgeblichen Unterschiede zwischen seiner eigenen, abwägungsoffenen Sichtweise und der (noch) vorherrschenden abwägungsfreien Sichtweise sieht.

(a) Die abwägungsfrei-modale Sichtweise

Nach dieser Ansicht ist es nicht erforderlich, zwischen der Finalität eines Eingriffs und seiner Intensität im Einzelfall zu unterscheiden. Die Ermittlung des Würdestandards vollzieht sich danach auf einer hohen Abstraktionsstufe und wird rein gegenständlich-modal begründet. Durch die Feststellung kategorischer Verletzungsurteile kann auf eine Berücksichtigung von Finalität und Intensität des Eingriffs verzichtet werden, wohingegen ein Einbeziehen von Finalität und Intensität des Eingriffs zu einer situationsgebundenen Abwägung von Zweck und Beeinträchtigung führen würde.[254] Dem Gedanken einer Abwägung zur Ermittlung des Würdeschutzes sträubt sich eine bedeutende Anzahl von Autoren mit größter Entschiedenheit.[255]

Herdegen führt gegen die abwägungsfrei-modale Sichtweise ins Feld, dass nur in wenigen Fällen die Konstatierung einer Würdeverletzung kategorisch durchgehalten werden könne. Ferner gelange man nach diesem Vorgehen zu einer Urteilsbildung, die von der jeweiligen Situation abstrahiert sei. Zudem beschränke sich der Schutz der Menschenwürde nur auf das schmale Feld von Verletzungen, die dem historisch gewachsenen Konsens entsprächen.[256]

---

252 A.A. *von Münch*, in: Ipsen/Schmidt-Jortzig, Festschrift Rauschning, 27 (28); *Isensee*, in: AöR 131 (2006), 173 (176, 179).

253 *Römelt*, Menschenwürde und Freiheit, S. 22 f.

254 *Herdegen*, in: Maunz/Dürig, Grundgesetz, Band I, Art. 1 Abs. 1, Rn. 43

255 *Petersen*, in: Kritische Justiz 2004, 316 (319) m.w.N.

256 *Herdegen*, in: Maunz/Dürig, Grundgesetz, Band I, Art. 1 Abs. 1, Rn. 43.

(b) Die abwägungsoffene Sichtweise

Der rein gegenständlich-modalen Sichtweise tritt die abwägungsoffene Sichtweise gegenüber. Zwischen den divergierenden Ansichten wird dennoch eine Übereinstimmung hinsichtlich der Annahme von Menschenwürdeverletzungen in einem schmalen Feld erreicht, namentlich dann, wenn sich das Verdikt einer Menschenwürdeverletzung rein modal oder rein final begründen lässt, so dass eine Abwägung entbehrlich wird. Dieses schmale Feld wird von *Herdegen* als Würdekern bezeichnet.

Die Verletzung des Würdekerns lasse sich rein gegenständlich-modal bestimmen, indem man ausschließlich auf die Art der Behandlung abstelle, unabhängig von weiteren Umständen. Als Beispiele der Verletzung des Würdekerns seien in diesem Zusammenhang Genozid oder Massenvertreibungen anzuführen. In einem solchen Fall lasse sich das Verletzungsverdikt zudem durch die konsolidierenden Kriterien der Historie, des ius cogens und der Rechtsvergleichung untermauern. Darüber hinaus gebe es Fallkonstellationen, in welchen sich die Würdeverletzung nicht aus dem Modus ergebe, sondern die Finalität der Maßnahme die Würdeverletzung darstelle. Hierfür sei als Beispiel die Diskriminierung anhand der Rasse genannt. Mithin lässt sich festhalten, dass es sowohl Würdeverletzungen gibt, welche sich rein gegenständlich-modal feststellen lassen, als auch solche, die sich rein final begründen lassen. Allerdings sei das Feld der so begründbaren Verletzungsurteile schmal.

Außerhalb der Bestimmung des Würdekerns treten jedoch Divergenzen auf. Nach der abwägungsoffenen Sichtweise ist außerhalb des Würdekerns eine „wertende Gesamtwürdigung" der weiteren relevanten Gegebenheiten erforderlich. Das Vorgehen nach der abwägungsoffenen Sichtweise hängt damit maßgeblich von dem Abstraktionsgrad hinsichtlich der Würdeverletzung ab. Je höher der Abstraktionsgrad ist, desto weniger ist eine situationsgebundene Abwägung zur Ermittlung einer Menschenwürdeverletzung erforderlich und um so mehr erfolgt eine Übereinstimmung mit der gegenständlich-modalen Sichtweise. Soweit jedoch das sichere Terrain der hohen Abstraktion verlassen wird, ist in Anwendung der abwägungsoffenen Sichtweise eine Abwägung durchzuführen. Insoweit liest *Böckenförde* folgenden Satz als Schlüsselsatz der Kommentierung: „Trotz des kategorialen Würdeanspruchs aller Menschen sind Art und Maß des Würdeschutzes für Differenzierungen durchaus offen, die den konkreten Umständen Rechnung tragen."[257]

Nun dürfe jedoch nicht das Missverständnis aufkommen, dass auf diesem Wege die Menschenwürde einer Abwägung mit anderen Werten von Verfas-

257 *Böckenförde*, in: FAZ vom 03. September 2003, S. 33.

sungsrang preisgegeben würde. Denn es gehe lediglich darum, den Achtungsanspruch überhaupt erst durch eine „bilanzierende Gesamtwürdigung" zu ermitteln. Der so ermittelte Würdeanspruch beanspruche dann absolute Geltung.[258]

Soweit nun die Finalität einer Maßnahme für die Frage nach einer Verletzung der Menschenwürde relevant ist, begründe dies nicht automatisch die Abwägungsoffenheit des Verletzungsurteils. Eine Abwägung bei Ermittlung des Verletzungsurteils ist vielmehr nur dann vorzunehmen, wenn zwischen dem so genannten Begriffskern und dem so genannten Begriffshof unterschieden wird. Nur der Begriffshof ist für die bilanzierende Würdigung aller Umstände offen. Soweit aber die Würdeverletzung in der Finalität selbst begründet liegt und damit der Begriffskern betroffen ist, scheidet eine Abwägungsoffenheit aufgrund der Unantastbarkeit aus. Damit wird der Schutzbereich in zwei „Schutzbereichszonen" unterteilt. Dies sei erforderlich, um Würdeverletzungen nicht nur bei den seit jeher anerkannten Akten anzunehmen.[259]

Der Schutzbereich des Art. 1 Abs. 1 GG umfasst danach die Achtung und den Schutz der Menschenwürde in ihrem Begriffshof und in ihrem absolut geschützten Begriffskern. Eine Verletzung des Begriffshofs ist gegeben, soweit eine bilanzierende Gesamtbetrachtung zu der Annahme eines Verletzungsurteils führt. Der Begriffskern hingegen ist stets dann verletzt, wenn die Maßnahme final in die Würde des Menschen eingreift oder die Verletzung gegenständlich-modal begründet ist.

Damit lehnt sich die Prüfung einer Beeinträchtigung der Menschenwürdegarantie an das Vorgehen durch die negativen Interpretationsansätze an. Eine dogmatisch saubere Unterscheidung zwischen den Ebenen Schutzbereich und Eingriff findet nicht statt. Vielmehr ist zu fragen, ob ein Eingriff in den Schutzbereich vorliegt, und dieses Verletzungsurteil ist dann abwägungsoffen.

(3) Die Fundierung der abwägungsoffenen Sichtweise anhand der Rechtsprechung des Bundesverfassungsgerichts

Herdegen unterstreicht seine Ausführungen, indem er darauf verweist, dass auch das Bundesverfassungsgericht eine Verhältnismäßigkeitsprüfung vornehme und daher die Abwägungsgebundenheit des Verletzungsurteils annehme. Hierher gehörten unter anderem die Urteile zur schuldunangemessenen Bestrafung, das Abhörurteil und das Urteil zum großen Lauschangriff, in welchen ein stark abwägungsgeprägter Schutzbereich aufscheine.

---

258 *Herdegen*, in: Maunz/Dürig, Grundgesetz, Band I, Art. 1 Abs. 1, Rn. 43.
259 *Herdegen*, in: Maunz/Dürig, Grundgesetz, Band I, Art. 1 Abs. 1, Rn. 44.

Das Gericht nehme bei der Rechtfertigung der lebenslangen Freiheitsstrafe eine durch Abwägung geprägte Anwendung des Art. 1 Abs. 1 GG vor. So führe das Gericht aus, dass die grundsätzlich würdeverletzende Persönlichkeitsdeformation durch die lebenslange Freiheitsstrafe sich bei der Ahndung schwerster Schuld im konkreten Fall als hinnehmbar erweisen könne.

Weiterhin belege der allmählich abschwächende postmortale Würdeschutz die Abwägungsoffenheit von Randzonen der Würdegarantie.[260]

(4) Zusammenfassung und Kritik

Nach alledem sucht *Herdegen* die Probleme der Konkretisierung der Menschenwürde durch die Annahme zweier Schutzbereichszonen, unterteilt in einen Begriffshof und einen Begriffskern, zu überwinden. Damit ist das Vorgehen *Herdegens* durch einen abwägungsgeprägten Schutzbereich bestimmt.

Fraglich ist nun, welches Fortkommen diese Ansicht für die Festlegung des Schutzbereichs und folglich der praktischen Handhabung des Grundrechts auf Achtung und Schutz der Menschenwürde mit sich bringt. Die Betroffenheit des Begriffskerns führt zu der kategorischen Annahme eines Verletzungsurteils, ohne dass eine Abwägung erforderlich ist, ja gar gerechtfertigt wäre. Soweit es um die Ermittlung des Begriffshofs geht, wird im Rahmen der Prüfung auf der Schutzbereichsebene würdeimmanent abgewogen. Es ist also anhand einer einzelfallbezogenen Abwägung zu prüfen, ob die Schutzbereichszone des Begriffshofs betroffen ist. Die Unterteilung in zwei Schutzbereichszonen hat nun den Vorteil, dass die historisch konsolidierten Würdeverletzungen hinreichend beachtet werden und darüber hinaus neuartige Gefahren für die Würde berücksichtigt werden können.

Die Entwicklungen der Zeit zeigen, dass ein Würdeschutz über den historisch gesicherten Würdekern hinaus zwingend erforderlich ist. Hierbei soll es, wie oben bereits angemerkt, maßgeblich darauf ankommen, eine weitgehende Annäherung an die grundrechtsdogmatischen Strukturen zu erreichen. Der Weg der Abwägung zur Ermittlung des Begriffshofs kann insoweit unterstützt werden, denn es handelt sich bei der Abwägung und der Anwendung des Verhältnismäßigkeitsgrundsatzes gerade um ein grundrechtstypisches Vorgehen. Die Grundrechte sind nach herrschender Ansicht von einem abwägungsoffenen Schutzbereichsverständnis geprägt. Zwar wird *Herdegen* gerade deshalb vorgeworfen, er würde Art. 1 Abs. 1 GG quasi zu einem Freiheitsrecht machen, was jedoch mit der herausragenden Bedeutung der Norm nicht zu vereinbaren sei.[261] Anderer-

260 *Herdegen*, in: Maunz/Dürig, Grundgesetz, Band I, Art. 1 Abs. 1, Rn. 44.
261 *Petersen*, in: Kritische Justiz 2004, 316 (320).

seits ist es doch so, dass die Anerkennung der Grundrechtsqualität gerade zu einer Annäherung an die Grundrechtsdogmatik zwingt. Daher lässt sich zunächst festhalten, dass durch ein solches Vorgehen für Rechtssicherheit und Rechtsgewissheit auf Seiten des Grundrechtsträgers viel getan ist. Es bleibt bei einer Einzelfallentscheidung. Aber die einzelfallbezogene Abwägung ist den Grundrechten immanent und führt daher für den Bürger zu mehr Rechtssicherheit und Vorhersehbarkeit. Weiterhin folgt aus der Abwägungsgebundenheit des Verletzungsurteils die hohe Flexibilität der Schutzbereichsfestlegung, so dass entsprechend auf neue Würdegefahren reagiert werden kann.

Soweit nach *Herdegen* der kategorische Würdeanspruch aller Menschen besteht, ist Art und Maß des Würdeschutzes dennoch für Differenzierungen offen. Hierin sieht *Böckenförde* den Schlüsselsatz der Kommentierung. Danach fallen nun Würdeanspruch und Würdeschutz auseinander.[262]

Die Offenheit der Menschenwürdegarantie zur zeitgemäßen Weiterentwicklung folgt ferner aus der Entstehungsgeschichte der Norm. Die vielfach zitierte Aussage von *Heuß*, dass es sich bei der Menschenwürdegarantie um eine „nicht interpretierte These" handele, ist nur dahingehend zu verstehen, dass die Interpretation und die praktische Ausgestaltung der Norm sowohl der Rechtsprechung als auch der Literatur übertragen worden sind.[263] Konsequenz der Intention des Verfassungsgebers, keine allgemeingültige inhaltliche Festlegung der Menschenwürdegarantie zu treffen, ist, dass Rechtsprechung und Literatur eben nicht gebunden sind und daher auch eine Fortentwicklung stattfinden kann und muss, so wie bei jeder anderen Verfassungsnorm auch.[264] Hätte sich der Verfassungsgeber anders entschieden und eine inhaltliche Festlegung der Menschenwürdegarantie vorgenommen, so wäre Rechtsprechung und Literatur keine Möglichkeit eröffnet worden, Art. 1 Abs. 1 GG in seiner Anwendung weiterzuentwickeln. Dies ist aber nicht geschehen.

Maßgebliche Bedeutung kommt ferner der von *Herdegen* eingebrachten Argumentation anhand der Rechtsprechung des Bundesverfassungsgerichts zu. So gelingt es, die hier genannte Untergliederung in Begriffskern und Begriffshof durch Entscheidungen des Bundesverfassungsgerichts aufzuzeigen und somit zu belegen, dass auch das Gericht diesen Weg beschreitet und eine Verhältnismäßigkeitsprüfung vornimmt.

Schlussendlich läuft diese Auseinandersetzung auf die Frage hinaus, ob ein Gewinn an normativer Bedeutsamkeit und Flexibilität einen vermeintlichen Verlust an Sicherheit durch ein Festhalten an den vorherrschenden Interpretations-

---

262 *Böckenförde*, in: FAZ vom 03. September 2003, S. 33.
263 So auch *Nettesheim*, in: AöR 130 (2005), 71 (76).
264 So auch *Hufen*, in: JZ 2004, 313.

methoden überwiegt. Es muss demnach entschieden werden, welcher Komponente die größere Bedeutung zukommt und schließlich, ob die Konturierung der Tatbestandmerkmale auf anderem Wege befriedigend gelingen kann.

Soweit es um die Bestimmung des Schutzbereichs eines Grundrechts auf Achtung und Schutz der Menschenwürde geht, ist eine Interpretation nach *Herdegen* gut geeignet.

cc) Die Schutzbereichsinterpretation des Bundesverfassungsgerichts

Weiterhin ist die Schutzbereichsinterpretation des Menschenwürdesatzes durch das Bundesverfassungsgericht zu betrachten. Dabei gilt es, das Augenmerk insbesondere auf Entwicklungen und Entwicklungstendenzen zu richten. Schließlich ist Ziel dieser Arbeit auch eine Annäherung an die Frage, wie der Menschenwürdesatz zu den Veränderungen unserer Zeit steht.

Hierzu sollen einige einschlägige Entscheidungen aufgezeigt werden. In diesem Sinne wird zunächst auf das erste Urteil des Bundesverfassungsgerichts zur Menschenwürde einzugehen sein, bevor im weiteren Verlauf dann die Objektformel behandelt werden soll, welcher auch in der Rechtsprechung große Bedeutung zukommt. Allerdings fällt insoweit auch der Wandel ins Auge, der sich abzuzeichnen scheint. So hat das Bundesverfassungsgericht die Objektformel nicht nur gelobt, sondern auch häufig ihre Schwächen aufgezeigt. Dieser Wandel in der Rechtsprechung dokumentiert sich zum einen durch die so genannte Abhörentscheidung und weiterhin durch die Entscheidung zum Großen Lauschangriff aus dem Jahre 2004.

Schließlich vollzieht sich ein Großteil der Würderechtsprechung über die Kopplung des Art. 1 Abs. 1 GG mit anderen Grundrechten. Die Kopplung der Gewährleistung des Art. 1 Abs. 1 GG mit den Gehalten aus Art. 2 Abs. 1 GG hat dabei zur Herausbildung des Allgemeinen Persönlichkeitsrechts geführt.

Weiterhin wird Art. 1 Abs. 1 GG mit Art. 2 Abs. 2 Satz 1 GG gekoppelt. In der biomedizinischen Forschung wird verfassungsrechtlicher Schutz der befruchteten Eizelle durch dieses Kombinationsgrundrecht gewährleistet. In diesem Bereich lautet die Frage: Sind die Gewährleistungen der Grundrechte aus Art. 2 Abs. 1 GG i.V.m. Art. 1 Abs. 1 GG sowie aus Art. 1 Abs. 1 GG i.V.m. Art. 2 Abs. 2 Satz 1 GG zu entkoppeln?

(1) Die Regelbeispielstechnik

In der ersten Entscheidung[265] zu Art. 1 Abs. 1 GG stellte das Bundesverfassungsgericht fest, dass Art. 1 Abs. 1 Satz 1 GG nur negativ gegen Angriffe ab-

---

265 BVerfGE 1, 97 ff.

schirme. Satz 2 verpflichte den Staat zwar zum Schützen und damit zu einem positiven Tun, insoweit gehe es aber um den Schutz gegen Angriffe auf die Menschenwürde durch andere, wie durch „Erniedrigung, Brandmarkung, Verfolgung, Ächtung, usw."[266]

Damit nimmt das Bundesverfassungsgericht eine negative Schutzbereichsinterpretation vor, die ebenso in der Literatur eine verbreitete Herangehensweise darstellt. Die Vornahme einer negativen Schutzbereichsinterpretation kennzeichnet sich durch die Schutzbereichsbestimmung vom Verletzungsvorgang her. Es wird also darauf abgestellt, welche Akte öffentlicher Gewalt eine Verletzung der Menschenwürde darstellen können. Dogmatisch bedeutet dies einen Perspektivenwechsel von Problemen des Schutzbereichs hin zu Problemen des Eingriffs.[267] So lassen sich die Definitionsweisen deutlich voneinander unterscheiden, indem eine positive Schutzbereichsbestimmung „Menschenwürde ist ..." lauten würde, sich hingegen eine negative Festlegung als „Die Menschenwürde ist verletzt, wenn ..." darstellt.[268]

Grundrechtliche Schutzbereiche werden ganz überwiegend positiv umschrieben. Die negative Schutzbereichsinterpretation stellt im System der Grundrechte nur die Ausnahme dar. Eine solche Ausnahme findet sich in Art. 8 Abs. 1 GG. Die Norm bringt schon vom Wortlaut her zum Ausdruck, dass die Versammlungsfreiheit unter anderem gegen Anmeldungs- und Erlaubnispflichten schützen soll.[269] Bei der negativen Interpretationsstrategie des Menschenwürdesatzes stehen sich allerdings zwei Ansätze gegenüber. Zum einen die Regelbeispielstechnik und zum anderen die Objektformel.[270]

Indem das Bundesverfassungsgericht Eingriffe in die Menschenwürde mit den Begriffen „Erniedrigung, Brandmarkung, Verfolgung, Ächtung" umschrieben hat,[271] wird deutlich, dass sich darin die Gräueltaten des Naziregimes wiederfinden. Die genannten Verletzungsurteile prägten die menschenwürdeverachtende Nazizeit, so dass mit aller Deutlichkeit die Würdeverachtung dieser Handlungen aufgezeigt wurde. Anhand dieser Festlegung gelingt es, eine Vielzahl von Stimmen hinter sich zu vereinigen und das Verdikt einer Menschenwürdeverletzung anzunehmen. Es handelt sich schließlich um extreme und unzweideutige Fälle von Würdeverletzungen, so dass in der Beschränkung auf eine solche negative Umschreibung ein hoher Konsens erreicht werden kann. Damit markiert der

266 BVerfGE 1, 97 (104).
267 *Dreier*, in: Geyer, Biopolitik, 232 (234); *Pieroth/Schlink*, Grundrechte, Rn. 358.
268 *Dreier*, in: Geyer, Biopolitik, 232 (234).
269 *Pieroth/Schlink*, Grundrechte, Rn. 237.
270 *Nettesheim*, in: AöR 130 (2005), 71 (79).
271 BVerfGE 1, 97 (104).

Menschenwürdesatz zugleich eine allgemein anerkannte Tabuzone.[272] Insofern ist davon auszugehen, dass jeder rechts- und verfassungstreue Bundesbürger diese Handlungen als würdeverletzend empfindet. Die Anerkennung einer Tabuzone führt dabei zu einem gegenseitigen Anerkennen sowie zu einem Sicherheits- und Einheitsgefühl innerhalb der Gesellschaft. Es bildet sich so eine „Kultur des Würdeschutzes" in diesen Fällen heraus, ohne dass ein treues Mitglied der Gesellschaft dies anzweifeln würde. Auch in der Diskussion spiegelt sich die Tabuisierungsfunktion wieder. Die Behauptung des Vorliegens einer Menschenwürdeverletzung fungiert stets als „conversation stopper"[273] beziehungsweise als „Totschlagargument".[274] Danach verbietet sich eine Fortführung der Debatte, ein Nachfragen nach Gründen ist verpönt.

Für eine solche Negativinterpretation könnte man anführen, dass sie geeignet ist, den Absolutheitscharakter der Menschenwürde zu sichern, da der Absolutheitscharakter weder aufgeweicht noch relativiert wird, wenn man die Anwendung des Menschenwürdesatzes auf evidente Fälle beschränkt.[275]

Andererseits führt die Umschreibung von Extrempositionen auch dazu, dass der Menschenwürdesatz seine „Schlüsselfunktion" in der Verfassung einbüßt und sich ins Unscheinbare verflüchtigt. Denn Art. 1 Abs. 1 GG wird durch die Beschränkung auf die evidenten Fälle erheblich eingegrenzt und übernimmt nur noch eine „Mahn- und Erinnerungsfunktion". Die Norm erlangt nur noch im extremen Ausnahmefall Bedeutung.[276] Solche Ausnahmesituationen sind in der Zeit seit Inkrafttreten des Grundgesetzes jedoch – und dies zum Glück – nie aufgetreten. Somit könnte man meinen, dass die Mahn- und Erinnerungsfunktion bereits durch die Normierung der Menschenwürdeklausel an sich erreicht wurde und daher darüber hinaus der Norm noch eine weiterreichende Bedeutung zukommen muss.

Gegen die ausschließliche Anwendung der Regelbeispielstechnik spricht ferner, dass Gefährdungslagen dort nicht drohen, wo Konsens über die Menschenwürdewidrigkeit besteht. Da sich in der Umschreibung einer Menschenwürdeverletzung durch die Begriffe „Erniedrigung, Verfolgung, Brandmarkung, Ächtung, usw." die Würdemissachtungen des Holocausts wieder finden, handelt es sich um den historisch gewachsenen Konsens von Würdeverletzungen. Insoweit konnte bereits oben aufgezeigt werden, dass sich die divergierenden Ansichten – so vor allem *Dürig* und *Herdegen* – darüber einig sind, in den historisch konsolidierten Verletzungsurteilen eine Menschenwürdeverletzung anzunehmen. Auf-

272 *Dreier*, in: Geyer, Biopolitik, 232 (234).
273 *Birnbacher*, in: Kettner, Biomedizin und Menschenwürde, 249 (250).
274 *Schmidt-Jortzig*, DÖV 2001, 925 (925 f.).
275 *Dreier*, in: Geyer, Biopolitik, 232 (234).
276 *Dreier*, in: Geyer, Biopolitik, 232 (234 f.).

grund dieses weitreichenden Konsenses sollten Gefährdungslagen in diesem Bereich auch in Zukunft wohl kaum auftreten.

Insgesamt greift damit die Interpretation des Art. 1 Abs. 1 GG durch die Begrenzung des Schutzbereichs auf die historischen Bedrohungslagen zu kurz. So können neu auftretende Angriffe auf die Menschenwürde leicht übersehen werden, weil der Katalog nicht abschließend ist. Zugleich können Angriffe auf die Menschenwürde, wenn erkannt, nicht bewältigt werden, da die Regelbeispiele zu vage definiert sind.[277]

Zusammenfassend lässt sich sagen, dass das Schutzbereichsverständnis der Menschenwürdenorm mit den totalitären Erfahrungen des 20. Jahrhunderts seine deutlichsten Konturen erhält. So beeinflusst auch heute noch der Umgang mit Menschen in den Diktaturen des 20. Jahrhunderts das Gefährdungsbild des Art. 1 Abs. 1 GG und damit die Schutzbereichsauslegung. Aber dieses historische Leitbild darf den Blick auf neue gesellschaftliche Entwicklungen nicht versperren, die in einem freiheitlichen Verfassungsstaat die Würde des Menschen verletzen können.[278] Angesichts der Gefahr der normativen Bedeutungslosigkeit der Norm darf es nicht bei dieser Definition bleiben, eine Ergänzung ist vielmehr zwingend erforderlich.

(2) Die Anwendung der Objektformel

Weiterhin bedient sich das Bundesverfassungsgericht auch immer wieder der Objektformel, um den Inhalt der Menschenwürde zu bestimmen.[279] So urteilte das Gericht in zahlreichen Entscheidungen, dass es der menschlichen Würde widerspreche, den Menschen zum bloßen Objekt im Staat zu machen.[280]

Fraglich ist nun, wie die Anwendung der Objektformel insbesondere unter Beachtung der Anforderung, eine zukunftsfähige Schutzbereichsinterpretation zu finden, zu bewerten ist. Die Objektformel bietet, im Vergleich zu der soeben diskutierten Regelbeispielstechnik, eine generalisierende Aussage darüber, wann eine Verletzung der Würde gegeben ist. Es handelt sich ebenfalls um eine negative Schutzbereichsinterpretation.

In einer kritischen Auseinandersetzung mit der Objektformel kommt man nicht umhin, diese insbesondere auch im Lichte der Veränderungen der Zeit vorzunehmen. Dabei ist zunächst zu bedenken, dass ein dogmatischer Fortschritt, ungeachtet der Arbeiten *Herdegens*, hinsichtlich einer Schutzbereichsbestim-

---

277 *di Fabio*, Der Schutz der Menschenwürde durch allgemeine Programmgrundsätze, S. 29; *Nettesheim*, in: AöR 130 (2005), 71 (79).

278 *di Fabio*, Der Schutz der Menschenwürde durch allgemeine Programmsätze, S. 29.

279 Vgl. nur BVerfGE 27, 1 (6); 30 1 (26); 50, 166 (175); 64, 274.

280 So in BVerfGE 27, 1 (6); 50, 166 (175).

mung der Menschenwürdenorm in den letzten 50 Jahren kaum auszumachen ist. So wurde der Schutzbereich stets vom Eingriff her, entweder anhand der Regelbeispielstechnik oder anhand der Objektformel oder durch beide Methoden kumulativ bestimmt. Eine weite Definition hoher Abstraktion war stets ausreichend. Dies liegt nicht zuletzt an der glücklichen Situation, dass die Menschenwürdegarantie des Grundgesetzes keine nennenswerten Herausforderungen zu bewältigen hatte.

Angesichts neuer Herausforderungen unserer Zeit gelangt man allerdings zu der Frage, ob die Objektformel überholt ist. *Udo di Fabio* stellt in diesem Sinne fest, dass die Konkretisierung des Schutzbereichs durch die Objektformel heute dissensanfälliger sei als früher, „weil die Voraussetzungen dieser geistigen Konstruktion nicht mehr so fraglos hingenommen werden wie in vergangenen Zeiten."[281] *Böckenförde* hält indes an dem bisherigen Verständnis von Art. 1 Abs. 1 GG fest und geht davon aus, dass auch neue Herausforderungen, wie etwa durch die Innovationen in der Biowissenschaft, mit dem bisherigen Verständnis von Art. 1 Abs. 1 GG bewältigt werden können.[282]

Zwar ist die Objektformel, wie auch schon die Regelbeispielstechnik, weitaus konsensfähiger als eine positive Umschreibung. Schließlich ist die Festlegung auf die Formel, dass der Mensch nicht zum Objekt staatlichen Handelns gemacht werden darf, sehr unbestimmt und damit je nach Argumentation anpassungsfähiger als eine positive Umschreibung. Hingegen müsste eine Definition, welche positiv festlegen würde, was die Menschenwürde ist, allumfassend sein und hinsichtlich neuer Gefahren für die Würde die nötige Anpassungsfähigkeit aufweisen, welche erforderlich ist, um auch vor solchen Gefahren abwehren und schützen zu können.

Andererseits bringt die Unbestimmtheit der Objektformel zahlreiche Probleme mit sich. Indem nach der Objektformel die menschliche Würde verletzt ist, wenn der Mensch herabgewürdigt wird, enthält sie eine doppelte Wiedergabe.[283] Die Tautologie der Formel ruft ihre Problematik hervor und macht zugleich ihre Anziehungskraft aus. Die Schwächen der Formel liegen in der Unverlässlichkeit einer Prognose hinsichtlich einer Würdeverletzung und damit einhergehend in der Verführung zur dezisionistischen Handhabung. Das heißt, eine verlässliche Vorhersage, wann eine Würdeverletzung vorliegt, lässt sich anhand der Anwendung der Objektformel nicht machen. Mithin fällt es dem Grundrechtsträger schwer, festzustellen, wann er eine Verletzung seiner Würde rügen kann.[284]

---

281 d*i Fabio*, Der Schutz der Menschenwürde durch Allgemeine Programmsätze, S. 22.

282 Vgl. *Böckenförde*, in: FAZ vom 27. Juli 2001, S. 7.

283 *Dreier*, in: Geyer, Biopolitik, 232 (235).

284 *Herdegen*, in: Maunz/Dürig, Grundgesetz, Band I, Art. 1 Abs. 1, Rn. 33 ff.

Ein weiteres Argument der Verfechter der Anwendung der Objektformel liegt in der Behauptung, durch die Objektformel solle eine inflationäre Handhabung des Menschenwürdeschutzes vermieden werden. Dies lässt sich jedoch dann nicht bestätigen, wenn man die zahlreichen Fälle betrachtet, in welchen sich Kläger auf den Schutz ihrer Würde beriefen, mit der Behauptung, zum bloßen Objekt staatlichen Handelns gemacht worden zu sein. Die Menschenwürde hat daher in den letzten Jahren vielmehr eine erhebliche Breitenwirkung erfahren.[285] Die inflationäre Handhabung des Menschenwürdearguments soll nur anhand zweier absurder Gerichtsverfahren illustriert werden:

In einem Fall fühlte sich ein Beschwerdeführer in seiner Menschenwürde verletzt, weil der Umlaut „ö" seines Namens im automatisierten Schriftverkehr als „oe" ausgedruckt wurde. In einem weiteren Fall fühlte sich ein Rechtsanwalt durch die Pflicht zum Tragen einer Amtstracht in seiner Menschenwürde verletzt.[286]

Wenn aber die Objektformel gerade nicht in der Lage ist, den Menschenwürdesatz davor zu bewahren, zur „kleinen Münze" gemacht zu werden, dann bricht ein wichtiges Argument für die Objektformel weg.[287]

Die durch die Objektformel erreichte „Omnipräsenz" der Menschenwürdegarantie folgt daraus, dass die Menschenwürde mit der Subjektqualität gleichgesetzt wird. Damit kann praktisch jeder Lebensbereich mit Art. 1 Abs. 1 GG in Verbindung gebracht werden.[288] Folglich nimmt die Menschenwürde keine Neben- sondern vielmehr eine Hauptrolle im juristischen Alltag ein, welches zugleich zur Entwertung des Menschenwürdesatzes führt, die Würde also gerade zur „kleinen Münze" gemacht wird.[289]

Weiterhin zeigt sich, wie anhand der Objektformel der Menschenwürdesatz problemlos für weltanschauliche Bekenntnisse zu nutzen ist.[290] Auch dies spricht vehement gegen die Anwendung der Objektformel im Rahmen einer Schutzbereichsdefinition, da die Norm als Grundrecht und mithin als fester Verfassungssatz ausschließlich positiv-rechtlich zu interpretieren ist und insoweit frei von vorstaatlichen und außerrechtlichen Einflüssen bleiben muss.

Es zeigt sich damit, dass die Objektformel in zweifacher Hinsicht kritikanfällig ist. Zum einen kann der inflationären Handhabung nicht Einhalt geboten werden und zum anderen sind die neu aufkommenden Herausforderungen nicht zu bewältigen. Weiterhin kann auch die Gefahr der Bedeutungslosigkeit der Men-

---

285 *Dreier*, in: Geyer, Biopolitik, 232 (235).
286 *Dreier*, in: Geyer, Biopolitik, 232 (237).
287 Ebenso kritisch *Höfling*, in: JuS 1995, 857 (860).
288 *Dreier*, in: Geyer, Biopolitik, 232 (236).
289 *Dreier*, in: Geyer, Biopolitik, 232 (237).
290 *Dreier*, in: Geyer, Biopolitik, 232 (238).

schenwürdenorm, eben die Degradierung zur „kleinen Münze", nicht verhindert werden. Die erreichte Breitenwirkung der Norm führt vielmehr dazu, dass Art. 1 Abs. 1 GG im juristischen Alltag so sehr an Bedeutung erlangt hat, dass dies in einer inflationären Handhabung ausartet. So stellt die große Konsensfähigkeit dieser Negativinterpretation nur einen vermeintlichen Vorteil dar.

Die Objektformel ist damit nur ein Leitfaden, aber keine Subsumtionsformel.[291] Bei der Überprüfung der Leistungsfähigkeit der Objektformel zieht *Herdegen* das Fazit, dass sich die Objektformel zwar als leitende, aber für das abschließende Verletzungsverdikt letztlich nicht mehr tragende Orientierungshilfe erweise.[292]

Folglich ist eine negative Schutzbereichsbestimmung anhand der Objektformel ungeeignet. Dies gilt insbesondere in der heutigen Lebenswirklichkeit, in welcher zahlreiche neue Gefahren für die Menschenwürde bestehen und diesen nicht ausreichend genug entgegengetreten werden kann.

(3) Die Abkehr von der Objektformel in der Rechtsprechung des Bundesverfassungsgerichts

Später zeigte auch das Gericht die Schwächen und Grenzen der Objektformel auf. Eine Abkehr von der alleinigen Anwendung der Objektformel ist in der Abhörentscheidung zu erkennen. So findet sich in der Urteilsbegründung zum Abhörurteil folgende Ausführung: „[...] unter welchen Umständen die Menschenwürde verletzt sein kann, [...] lässt sich nicht generell sagen, sondern immer nur in Ansehung des konkreten Falles. Allgemeine Formeln, wie die, der Mensch dürfe nicht zum bloßen Objekt der Staatsgewalt herabgewürdigt werden, können lediglich die Richtung andeuten, in der Fälle der Verletzung der Menschenwürde gefunden werden können. [...] Hinzukommen muss, dass er [scil: der Mensch] einer Behandlung ausgesetzt wird, die seine Subjektqualität prinzipiell in Frage stellt oder dass in der Behandlung im konkreten Fall eine willkürliche Missachtung der Würde des Menschen liegt. Die Behandlung des Menschen durch die öffentliche Hand, die das Gesetz vollzieht, muss also, wenn sie die Menschenwürde berühren soll, Ausdruck der Verachtung des Wertes, der dem Menschen kraft seines Personseins zukommt, also in diesem Sinne eine „verächtliche Behandlung" sein."[293]

Damit lässt sich festhalten, dass die Objektformel, als allgemeine Formel, lediglich die Richtung andeuten kann, in der Fälle einer Menschenwürdeverletzung

291 *Böckenförde*, in: FAZ vom 03. September 2003, S. 33.
292 *Herdegen*, in: Maunz/Dürig, Grundgesetz, Band I, Art. 1 Abs. 1, Rn. 35.
293 BVerfGE 30, 1 (25 f.).

gefunden werden können. Zweitens sind neben der Anwendung der Objektformel zwei Alternativen geboten, über welche eine Menschenwürdeverletzung im konkreten Fall festzustellen ist:

entweder ist festzustellen, dass der Mensch einer Behandlung ausgesetzt wird, die seine Subjektqualität prinzipiell in Frage stellt *oder*

in der Behandlung im konkreten Fall liegt eine willkürliche Missachtung der Menschenwürde, die Behandlung muss also Ausdruck der Verachtung des Wertes, der dem Mensch kraft seines Personseins zukommt, in diesem Sinne eine verächtliche Behandlung sein.

Ausgangspunkt der Prüfung einer Würdeverletzung war damit die Objektformel. Allerdings wurden die Schwächen der Formel zu beheben versucht, indem eine subjektive Komponente eingeführt wurde. Nach der ersten Alternative des subjektiven Elements liegt eine Menschenwürdeverletzung vor, wenn die Subjektqualität des Menschen durch die Behandlung prinzipiell in Frage gestellt wird. *Zaar* sieht insoweit eine reine Umformulierung der Objektformel, welche substanziell nichts Neues beinhalte. Indes liegt gerade in dieser neuen Formel mehr als eine bloße Umformulierung. So spricht *Ingo von Münch* auch von der „modifizierten Objektformel".[294] Denn nur die Neuformulierung wird dem Zweck gerecht, dass der Mensch „nicht selten bloßes Objekt nicht nur der Verhältnisse und der gesellschaftlichen Entwicklung [ist], sondern auch des Rechts, insofern er ohne Rücksicht auf seine Interessen sich fügen muss."[295] Hierdurch wird sich der durch die Anwendung der Objektformel bewirkten Breitenwirkung des Menschenwürdearguments entgegengesetzt, so dass eine Abkehr von der Anwendung der Objektformel zumindest als mögliche Intention des Bundesverfassungsgerichts in Betracht zu ziehen ist.

In der zweiten Alternative der Ergänzung der Objektformel liegt eine Neuerung hinsichtlich der Beurteilung von Würdeverletzungen, indem vorrangig auf die Behandlung abgestellt wird und hierbei maßgeblich auf die Intention des Handelnden, damit die Finalität. Zunächst wird nun gesagt, dass es sich um eine willkürliche Missachtung der Menschenwürde handeln müsse. Hierbei wird jedoch kritisiert, dass im Umkehrschluss eine willkürfreie und damit eben eine intendierte Missachtung keine Verletzung der Menschenwürde darstellen würde. Eine Missachtung der Menschenwürde könne jedoch auch aus guter Absicht geschehen und dennoch eine Würdeverletzung darstellen. Insofern wird vertreten,

---

294 *von Münch*, in: Ipsen/Schmidt-Jortzig, Festschrift Rauschning, 27 (33).
295 BVerfGE 30, 1 (25 f.).

dass es auf die Intention des Handelnden nicht ankommen könne.[296] Andererseits bietet ein Abstellen auf die Intention des Handelnden die Möglichkeit einer schutzbereichsimmanenten Abwägung. Hierin liegt ein Weg, Art. 1 Abs. 1 GG als Grundrecht zukunftsfest zu machen. Weiterhin wird eine Annäherung an grundrechtsdogmatische Vorgaben erreicht.

Weiterhin heißt es, die Behandlung müsse Ausdruck der Verachtung des Personenwertes sein. Diese Ausführungen blieben auch in den eigenen Reihen nicht ohne kritischen Widerhall. In dem abweichenden Votum heißt es, dass man sich davor hüten müsse das pathetische Wort der Menschenwürde ausschließlich in seinem höchsten Sinn zu verstehen, denn tue man dies, wie in dieser Entscheidung geschehen, dann reduziere man Art. 79 Abs. 3 GG auf ein Verbot der Wiedereinführung zum Beispiel der Folter und Methoden des Dritten Reichs. Die Subjektformel sei daher zu abstrakt. Eine derartige Einschränkung werde aber der Konzeption und dem Geist des Grundgesetzes nicht gerecht. Denn Art. 79 Abs. 3 GG i.V.m. Art. 1 Abs. 1 GG habe einen konkreten Inhalt. Das Grundgesetz erkenne den Eigenwert und die Eigenständigkeit der menschlichen Persönlichkeit an, indem es diese auf die höchste Stufe in der Wertordnung stelle. So habe alle Staatsgewalt den Menschen in seinem Eigenwert, seiner Eigenständigkeit zu achten und zu schützen. Der Mensch dürfe nicht unpersönlich, wie ein Gegenstand behandelt werden, auch wenn dies nicht aus der Missachtung des Personenwertes, sondern in guter Absicht geschehe. Die Objektformel sei der in Art. 1 Abs. 1 GG wurzelnde Grundsatz, der unmittelbare Maßstäbe setze.[297]

Nach dem abweichenden Votum ist maßgeblich darauf abzustellen, dass die Behandlung des Menschen als Gegenstand zu einer Menschenwürdeverletzung führt. Es kann allerdings nicht allein darauf ankommen, denn die Behandlung des Menschen als Gegenstand führt eben nicht zwingend zu einer Menschenwürdeverletzung.[298]

Das Gericht nimmt in der Abhörentscheidung insoweit eine relativierende Definition vor, als dass das Kriterium der Missachtungsabsicht und damit ein subjektives Moment eingeführt wird. Festzustellen ist damit im Ergebnis ein Wechsel von der Objekt- hin zur Subjektformel.[299] Bei der Überprüfung einer Handlung auf einen Menschenwürdeverstoß hin, wird auf die den Eingriff leitende Absicht abgestellt und somit auf den Verhältnismäßigkeitsgrundsatz verwiesen.[300]

---

296 *Zaar*, Wann beginnt die Menschenwürde nach Art. 1 GG?, S. 20 f.; *Starck*, in: von Mangoldt/Klein/Starck, Grundgesetz, Band I, Art. 1, Rn. 14.

297 BVerfGE 30, 1 (39 f.).

298 *Zaar*, Wann beginnt die Menschenwürde nach Art. 1 GG?, S. 21.

299 *Höfling*, in: Sachs, Grundgesetz, Art. 1 Rn. 15.

300 *Geddert-Steinacher*, Menschenwürde als Verfassungsbegriff, S. 46.

Herdegen nimmt die Abhörentscheidung zum Anlass, seine bilanzierende Gesamtbetrachtung anhand dieser Entscheidung zu untermauern und vor allem ein eben solches Vorgehen in der Rechtsprechung des Gerichts offen zu legen.

Abschließend bleibt festzustellen, dass sich das Bundesverfassungsgericht immer wieder der Objektformel bedient hat, dennoch auch die Schwächen erkannte und durch Modifikationen zu beheben versuchte. Nun soll insbesondere die jüngere Entwicklung in der Rechtsprechung Aufschluss darüber bringen, wie sich diese Kritik an der Objektformel fortzusetzen und auszuwirken scheint. Fraglich ist damit, ob sich in der Rechtsprechung des Gerichts ein Wandel abzeichnet, der gegebenenfalls eine endgültige Abkehr von der Objektformel mit sich bringen wird. Fraglich ist ferner, ob sich die Thesen der Abhörentscheidungen durch das spätere Urteil zum Großen Lauschangriff bestätigen lassen.

(4) Das Urteil zum so genannten Großen Lauschangriff

Im Jahre 2004 erging die Entscheidung zum so genannten Großen Lauschangriff, welcher es sich nun zu widmen gilt.[301] Fraglich ist insoweit, wie diese Entscheidung im Hinblick auf das Abhörurteil, die Entwicklung in der Bestimmung des Schutzgegenstandes des Art. 1 Abs. 1 GG in der Rechtsprechung des Bundesverfassungsgerichts und hinsichtlich neuer Herausforderungen für die Menschenwürdenorm zu bewerten ist. Auch wenn die Frage nach der Grundrechtsqualität der Menschenwürdeklausel in dieser Entscheidung nicht thematisiert wurde, so waren Art. 1 GG sowie Art. 2 Abs. 1 GG i.V.m. Art. 1 Abs. 1 GG doch Beurteilungsmaßstab und folglich ging es um die Festlegung des Schutzbereichs des Art. 1 Abs. 1 GG.[302]

Dieses Verfassungsbeschwerdeverfahren richtete sich gegen Art. 13 Abs. 3 bis 6 GG sowie gegen Vorschriften der Strafprozessordnung, mit welchen die akustische Überwachung von Wohnungen zum Zwecke der Strafverfolgung ermöglicht wurde. Bevor es zur Änderung der Strafprozessordnung kam, beschäftigte eine langjährige Kontroverse die Öffentlichkeit, in welcher es um die Einführung der akustischen Wohnraumüberwachung zum Zwecke der Strafverfolgung ging. Die Änderung der Strafprozessordnung vom 15. Juli 1992 enthielt zunächst nur die Aufnahme einer Ermächtigung zum Abhören von Gesprächen außerhalb der Wohnung. Die Überwachung innerhalb der Wohnung zum Zwecke der Strafverfolgung war hingegen wegen Art. 13 Abs. 3 GG a.F. ausgeschlossen.[303] Zur Änderung des Grundgesetzes und damit des Art. 13 GG kam es

301 BVerfGE 109, 279 ff.
302 *Gusy*, in: JuS 2004, 457.
303 *Gusy*, in: JuS 2004, 457.

schließlich durch Gesetz vom 26. März 1998. Mit der erforderlichen Zweidrittelmehrheit in Bundestag und Bundesrat wurden die Absätze 3 bis 6 dem Art. 13 GG beigefügt und der bisherige Absatz 3 wurde Absatz 7. Aufgrund von Art. 13 Abs. 3 GG ist sodann das „Gesetz zur Verbesserung der Bekämpfung der Organisierten Kriminalität" ergangen. Diese einfachgesetzliche Ausgestaltung findet sich in § 100 c StPO wieder.

Die Beschwerdeführer der Verfassungsbeschwerden wendeten sich unmittelbar gegen Art. 13 Abs. 3 bis 6 GG in der Fassung vom 26. März 1998. Ferner wendeten sie sich gegen die Vorschriften des § 100 c Abs. 1 Nr. 3 und Abs. 2 StPO sowie § 101 Abs. 1 und 4 StPO, worin zum einen die Ermächtigung zum elektronischen Abhören in Wohnräumen geregelt ist und zum anderen die geänderten Benachrichtigungsvorschriften enthalten sind. Die Beschwerdeführer rügten eine Verletzung ihrer Grundrechte unter anderem auch aus Art. 1 Abs. 1 und 3 GG durch diese Vorschriften. Die Beschwerdeführer führten zur Betroffenheit der Menschenwürde aus, dass die Grundgesetzänderung vor allem daran scheitere, dass durch sie ein unantastbarer Bereich privater Lebensführung berührt werde, welcher der öffentlichen Gewalt schlechthin entzogen sei. Dies folge auch aus dem Persönlichkeitskern als Teil der unantastbaren Menschenwürde. In diesen Kernbereich werde durch die Grundgesetzänderung jedoch eingegriffen. Weiterhin führten die Beschwerdeführer zur Begründetheit ihrer Verfassungsbeschwerden aus, dass es vorrangig darauf ankomme, ob die Verfassungsänderung mit dem Verfassungsgrundsatz der unverletzbaren Menschenwürde zu vereinbaren sei. Das Bundesverfassungsgericht habe wiederholt darauf hingewiesen, dass es einen unantastbaren Bereich privater Lebensführung gebe, welcher der Einwirkung der öffentlichen Gewalt entzogen sei und wobei der Wohnung eine besondere Bedeutung zukomme.

Die Prüfung der Verfassungsänderung durch das Gericht erfolgte in zwei Schritten: Für Art. 13 GG war alleiniger Prüfungsmaßstab Art. 79 Abs. 3 GG, der als grundrechtlichen Prüfungsmaßstab ausschließlich Art. 1 GG zulässt. Die Überprüfung von einfachen Gesetzen richtet sich hingegen nach Art. 20 Abs. 3 GG, wonach ein Gesetz mit der *verfassungsmäßigen Ordnung* zu vereinbaren sein muss. Unter *verfassungsmäßiger Ordnung* wird die Gesamtheit der Normen des Grundgesetzes verstanden.[304]

Zunächst überprüfte das Bundesverfassungsgericht Art. 13 Abs. 3 GG an der Menschenwürdeklausel des Art. 1 Abs. 1 GG.[305] Hier finden sich wichtige Anhaltspunkte für die soeben aufgeworfene Frage, ob sich eine Abkehr von der Objektformel abzeichnet.

---

304 *Gusy*, in: JuS 2004, 457; *Jarass*, in: ders./Pieroth, Grundgesetz, Art. 20, Rn. 32.
305 BVerfGE 109, 270 (311 ff.).

Zuvorderst wurde festgestellt, dass die Konkretisierung der Menschenwürde stets mit Blick auf den Einzelfall zu erfolgen habe.[306] Folglich verletze die akustische Wohnraumüberwachung nicht generell den Menschenwürdegehalt von Art. 13 Abs. 1 GG und Art. 2 Abs. 1 GG i.V.m. Art. 1 Abs. 1 GG, jedoch könne die Art und Weise der Durchführung der Überwachung eine Situation verursachen, in welcher die Menschenwürde verletzt sei.[307] Mithin wurde entschieden, dass die heimliche akustische Wohnraumüberwachung zu Zwecken der Strafverfolgung nicht prinzipiell verfassungswidrig ist.[308] Dies war allerdings vor der Änderung des Art. 13 Abs. 3 GG quasi der Fall, denn nach Art. 13 Abs. 3 GG a.F. waren Abhörmaßnahmen in Wohnungen zum Zwecke der Strafverfolgung untersagt. Möglich waren nur Überwachungsmaßnahmen zur Abwehr anderer bestimmter Gefahren.[309]

Das Gericht führte dann weiter aus, dass die Menschenwürde tragendes Konstitutionsprinzip und oberster Verfassungswert sei. Der Gewährleistungsgehalt des auf Wertungen beruhenden Begriffs der Menschenwürde bedürfe der Konkretisierung. Die Rechtsprechung nehme diese Konkretisierung stets in Ansehung des Einzelfalls und unter Herausbildung von Fallgruppen und Regelbeispielen vor. Dabei werde die Menschenwürde häufig vom Verletzungsvorgang her definiert. Schließlich wurde auf das historische Kriterium sowie auf die Anwendung der Objektformel durch das Gericht verwiesen. So habe das Bundesverfassungsgericht wiederholt festgestellt, dass die Menschenwürde verletzt sei, wenn der Mensch zum bloßen Objekt staatlicher Gewalt gemacht werde. Anschließend distanzierte sich das Bundesverfassungsgericht jedoch deutlich von der Objektformel und wies darauf hin, dass dieser Formel auch Grenzen gesetzt seien. Denn der Mensch sei häufig bloßes Objekt nicht nur der Verhältnisse und der gesellschaftlichen Entwicklung, sondern auch des Rechts, welchem er sich zu fügen habe. Daher sei die Würde nicht schon dann verletzt, wenn jemand zum Adressaten einer Maßnahme der Strafverfolgung werde, sondern erst, wenn die Art der Maßnahme die Subjektqualität des Betroffenen grundsätzlich in Frage stelle. Die Subjektqualität werde dann grundsätzlich in Frage gestellt, wenn durch die staatliche Maßnahme die Achtung des Wertes, der jedem Menschen um sei-

306 BVerfGE 109, 270 (311).
307 BVerfGE 109, 279 (311).
308 *Baldus*, in: Schaar, Folgerungen aus dem Urteil des Bundesverfassungsgerichts zur akustischen Wohnraumüberwachung, 9.
309 *Gusy*, in: JuS 2004, 457.

ner selbst willen zukomme, nicht beachtet werde.[310] Somit wurde die Objektformel durch die Formel von der Subjektqualität des Menschen ersetzt.[311]

Allerdings ist durch die negative Schutzbereichsbestimmung nicht einfach zu beurteilen, wann ein Eingriff in die Menschenwürde die Subjektqualität eines Menschen berührt und wann dies nicht der Fall ist. Denn der Mensch ist nicht selten bloßes Objekt auch des Rechts, dem er sich zu fügen habe.[312] Daher bediente sich das Bundesverfassungsgericht einer weiteren Konkretisierung der Menschenwürde, indem es feststellte, dass das Recht auf Schutz der Menschenwürde ein Recht des Grundrechtsträgers auf Selbstdarstellung und Selbstverwirklichung beinhaltet.[313] So heißt es weiter, dass die Menschenwürde einen Kernbereich privater Lebensgestaltung erfasse.[314] Daher sei der absolut geschützte Achtungsanspruch nur dann verletzt, wenn durch die Beobachtung der unantastbare Kernbereich privater Lebensgestaltung nicht gewahrt werde.[315] Damit die Entfaltung der Persönlichkeit im Kernbereich privater Lebensgestaltung garantiert sei, sei es erforderlich, dass dem Einzelnen hierfür ein geeigneter Freiraum zur Verfügung stehe. Dieser Freiraum bestünde schließlich regelmäßig in der Privatwohnung, welche anderen verschlossen werden könne.[316] Soweit es um den Schutz der freien Entfaltung der Persönlichkeit im Kernbereich privater Lebensgestaltung gehe, verbiete sich eine Relativierung des Schutzes durch eine Abwägung nach Maßgabe des Verhältnismäßigkeitsgrundsatzes. Dies folge aus Art. 1 Abs. 1 GG und aus Art. 79 Abs. 3 GG.[317]

Damit stellte das Gericht fest, dass die Menschenwürde nicht bei jedem heimlichen Vorgehen des Staates verletzt ist. Wird jemand zum Objekt einer Beobachtung, so geht damit nicht zwingend die Missachtung seines Wertes als Mensch einher. Allerdings ist der unantastbare Kernbereich privater Lebensgestaltung zu wahren.[318] Die Schutzbereichsbestimmung des Art. 1 Abs. 1 GG wird somit durch soziale Aspekte des Menschen, seine Kommunikation mit anderen und seine Rolle in der Gesellschaft geprägt. Demnach macht es die Subjektqualität des Menschen aus, dass er kommuniziert und zum Schutze hierzu bedarf es

---

310 BVerfGE 109, 279 (311 ff.); *Baldus*, in: Schaar, Folgerungen aus dem Urteil des Bundesverfassungsgerichts zur akustischen Wohnraumüberwachung, 9.

311 *Baldus*, in: Schaar, Folgerungen aus dem Urteil des Bundesverfassungsgerichts zur akustischen Wohnraumüberwachung, 9 (10).

312 BVerfGE 109, 279 (312).

313 *Gusy*, in: JuS 2004, 457 (458).

314 BVerfGE 109, 279 (313).

315 BVerfGE 109, 279 (313).

316 BVerfGE 109, 279 (313 f.).

317 BVerfGE 109, 279 (314).

318 *Baldus*, in: Schaar, Folgerungen aus dem Urteil des Bundesverfassungsgerichts zur akustischen Wohnraumüberwachung, 9 (10).

eines Rückzugraumes, welcher durch Art. 1 Abs. 1 GG geschützt wird. Der Schutz vor der Öffentlichkeit im privaten Rückzugsraum gewährleistet, dass der Mensch in diesem Rahmen nicht kontrolliert und mithin nicht in seiner Subjektqualität missachtet wird.[319] Zur Vermeidung von Eingriffen in den Kernbereich privater Lebensgestaltung habe ein Abhören des nichtöffentlichen Wortes in Wohnungen zu unterbleiben, wenn sich jemand allein oder ausschließlich mit Personen in der Wohnung aufhalte, zu denen er in einem besonderen, den Kernbereich betreffenden Vertrauensverhältnis stehe und es keinen konkreten Anhaltspunkt dafür gebe, dass die zu erwartenden Gespräche nach ihrem Inhalt einen unmittelbaren Bezug zu Straftaten aufwiesen.[320]

Fazit ist, dass das Bundesverfassungsgericht den Schutzbereich der Menschenwürde erheblich angepasst hat. Die ausschließliche Konkretisierung des Schutzes der Menschenwürde über historisch konsolidierte Verletzungsurteile ist demnach nicht mehr zeitgemäß und umfassend genug. Vielmehr geht die zugrunde liegende Definition über tatsächliche Einwirkungen auf den Körper hinaus und bezieht auch den Schutz einer persönlichen Entfaltung des Menschen mit ein.[321]

Bis hier hin ist aber nur festgestellt, dass ein Verstoß gegen die Menschenwürde durch akustische Wohnraumüberwachung vorliegt, wenn der Kernbereich privater Lebensgestaltung nicht geachtet wird. Fraglich bleibt damit, wie dieser Kernbereich privater Lebensgestaltung, in welchen jedwede Relativierung des Schutzes von Verfassungswegen untersagt ist, zu ermitteln ist. In der Urteilsbegründung führt das Gericht dazu aus, dass es nach dem Inhalt des Sachverhalts darauf ankomme, ob er „höchstpersönlichen Charakters ist, also auch in welcher Art und Intensität er aus sich heraus die Sphäre anderer oder Belange der Gemeinschaft berührt."[322] Soweit der absolut geschützte Kernbereich privater Entfaltung nicht betroffen ist, endet demnach auch der absolute Schutz durch Art. 1 Abs. 1 GG. Umso mehr die Einzelnen den privaten Kernbereich verlassen und sich in die Öffentlichkeit begeben, nimmt die Schutzintensität ab. Damit werden Bereiche geschaffen, die sich maßgeblich dadurch unterscheiden, dass der absolute Schutz mehr oder weniger greift.[323]

Anschließend folgt der zweite Schritt der Prüfung, indem der Verhältnismäßigkeitsgrundsatz als weitere Schranke für Maßnahmen herangezogen wird, die nicht als Menschenwürdeverletzungen angesehen werden.[324] So heißt es weiter in der Urteilsbegründung, dass der Verhältnismäßigkeitsgrundsatz nicht die Abso-

319 *Gusy*, in: JuS 2004, 457 (458).
320 BVerfGE 109, 279 (319 f.).
321 *Gusy*, in: JuS 2004, 457 (458).
322 BVerfGE 109, 279 (314).
323 *Gusy*, in: JuS 2004, 457 (458 f.).
324 *Petersen*, in: Kritische Justiz 2004, 316 (320).

lutheit des Schutzes der Menschenwürde in Frage stelle. Dieser Grundsatz sei dann heranzuziehen, wenn die Menschenwürde durch die Maßnahme nicht verletzt sei.[325]

Damit ist fraglich, wie die Ausführungen des Gerichts zu beurteilen sind. Insofern gehen die Meinungen auseinander. Nach *Herdegen* zeige das Urteil zum Großen Lauschangriff deutlich, dass durch das Gericht eine bilanzierende Gesamtbetrachtung zur Bestimmung der Menschenwürdegarantie vorgenommen wird. So werde einer rein modalen Tabuisierung bestimmter Eingriffe eine klare Absage erteilt. Der Schutz des Kernbereichs privater Lebensgestaltung werde anhand eines komplexen Netzwerks situationsgebundener Parameter konstituiert, die erst in der Gesamtschau das Urteil über Wahrung oder Verletzung der Menschenwürde trügen.[326] Anderer Ansicht ist insoweit *Niels Petersen*, der vielmehr davon ausgeht, dass die Menschenwürdegarantie gerade nicht in einen Kern- und einen Randbereich unterteilt werde und der Verhältnismäßigkeitsgrundsatz eben auch nicht aus der Menschenwürde hergeleitet, sondern erst dann zur Anwendung gebracht werde, wenn der Schutzbereich der Menschenwürde bereits verlassen sei.[327]

Weiterhin hat sich *Starck* geäußert. *Starck* ist der Ansicht, das Urteil schaffe verfassungsdogmatische Unklarheit, indem eine Berührung der Menschenwürde je nach den Umständen für möglich gehalten werde, und zwar sogar nach Umständen, die bei Verhängung der Maßnahme nicht vorhersehbar seien. Es würden schwierige Probleme der Verhältnismäßigkeit der Maßnahmen, die ihren Sitz allein in Art. 13 GG haben, in den Begriff der Menschenwürde verlagert, der damit seine normative Struktur verliere.[328]

Wie soeben aufgezeigt, gehen die Meinungen über die Bewertung des Vorgehens des Bundesverfassungsgerichts auseinander. Insoweit ist umstritten, ob in dem Vorgehen des Gerichts ein Verlassen des Schutzbereichs gesehen wird und damit von einem im üblichen Sinne einheitlichen Schutzbereich ausgegangen wird oder ob vielmehr eine Untergliederung in Kern- und Randbereich vorgenommen wird. Fakt ist allerdings, dass sich das Vorgehen des Gerichts in der Prüfung des Art. 1 Abs. 1 GG von der Kasuistik und der Anwendung der Objektformel entfernt.

Die Anwendung der Objektformel ist mithin erneut, wie bereits im Abhörurteil, an ihre Grenzen gestoßen. In diesem Sinne schreibt das Gericht seine Grundsätze aus der Abhörentscheidung fort. Es komme auf die „Art und Weise der

---

325 BVerfGE 109, 279 (315).

326 *Herdegen*, in: Maunz/Dürig, Grundgesetz, Band I, Art. 1 Abs. 1, Rn. 44; BVerfGE 109, 279 (313 ff.).

327 *Petersen*, in: Kritische Justiz 2004, 316 (320).

328 *Starck*, in: von Mangoldt/Klein/Starck, Grundgesetz, Band I, Art. 1, Rn. 80.

Durchführung", auf die „Art der Maßnahme" an. Die Finalität der Handlung wird erneut in den Mittelpunkt gerückt. Dieses Abweichen von einem einheitlichen, strikten Vorgehen führt jedoch gerade zu den bereits vielfach angesprochenen Problemen. Dem Gericht kann Willkürlichkeit vorgeworfen werden, das Gefühl der Rechtssicherheit und Vorhersehbarkeit für den Bürger wird beeinträchtigt, dogmatische Vorgaben werden nicht befolgt und damit in Zweifel gezogen, schlussendlich verliert die Menschenwürdegarantie dadurch ihren prominenten Status und wird „zur kleinen Münze" degradiert. Nach alledem müssen die Gedanken in Richtung einer neuen Lösung gehen, welche eine Konturierung und Anwendung der Menschenwürdegarantie erlaubt, die in jedem Fall anwendbar ist, eben auch in Fällen außerhalb des breiten Konsenses geschichtlich gewachsener Würdeverletzungen. Ein klares Abweichen von der bisherigen Praxis hin zu einem deutlichen neuen Weg erscheint doch wertvoller, als das starre Hochhalten der Objektformel und der damit einhergehenden versteckten Degradierung der Menschenwürdegarantie „zur kleinen Münze". Die Rechtssicherheit leidet, das kann nicht hingenommen werden. Im Ergebnis kann man in Anknüpfung an das Abhörurteil behaupten, dass die Objektformel durch die Subjektformel ersetzt wurde.[329] Damit geht die Einbeziehung der Finalität einer Maßnahme einher.

Herdegens klares Bekenntnis zu Kern- und Randbereich der Menschenwürdegarantie, sowie der ausdrücklichen Anwendung des Verhältnismäßigkeitsgrundsatzes im Randbereich des Schutzbereichs erscheint da hinsichtlich der Herausforderungen der Zukunft an die Menschenwürdenorm besser geeignet, als das Hochhalten der Objektformel mit gelegentlicher – nicht vorhersehbarer – Abweichung, soweit von Fall zu Fall erforderlich. So wird doch, unabhängig von den differierenden Auffassungen, jedenfalls der Verhältnismäßigkeitsgrundsatz angewandt und munter abgewogen. Dogmatik und Rechtssicherheit können aber nur gewinnen, wenn dies auch ausdrücklich zugestanden wird.

Weiterhin darf nicht außer Acht bleiben, dass dem Dilemma zwischen der Einhaltung der normativ gebotenen Absolutheit und der für die Lösung der aufkommenden Fragen zwingend erforderlichen Abwägung Rechnung getragen werden kann, indem der Abwägungsprozess nach dem Vorschlag *Herdegens* in die Schutzbereichsebene integriert wird.

Abschließend bleibt festzuhalten, dass Art. 1 Abs. 1 GG allein als Verfassungsnorm mit Warnfunktion in der heutigen Zeit weit mehr als 50 Jahre nach der Nazizeit nicht mehr genügen kann. Auch die Menschenwürdegarantie muss, auch wenn es hierfür Mut bedarf, zukunftsfest gemacht werden. Ein Herummanövrieren und undogmatisches Vorgehen hilft da nicht. Dass eine zukunftssichere

329 *Baldus*, in: Schaar, Folgerungen aus dem Urteil des Bundesverfassungsgerichts zur akustischen Wohnraumüberwachung, 9 (9 f.).

Menschenwürdenorm gebraucht wird, zeigt sich hier anhand des Urteils zum Großen Lauschangriff erneut, nicht zu vergessen sind dabei auch die Herausforderungen in der Biomedizin. Soweit man sich auf dogmatische Veränderungen einlassen will, bietet der Vorschlag *Herdegens* einen ernstzunehmenden Ansatz.

(5) Zusammenfassung

Zusammenfassend lässt sich feststellen, dass die Abkehr von der ausschließlichen Anwendung der Objektformel in der Entscheidung zum Großen Lauschangriff weiter vorangetrieben wurde. Insoweit wurden Gesichtspunkte des Abhörurteils wieder aufgegriffen und deren Gültigkeit unterstrichen. Deutlich wird hervorgehoben, dass die Anwendung des Verhältnismäßigkeitsgrundsatzes die Absolutheit des Schutzes nicht beeinträchtigt. So sei zu prüfen, ob die Art der Maßnahme die Subjektqualität des Betroffenen in Frage stelle. Folglich ist bei der Festlegung eines Verletzungsurteils eine Abwägung erforderlich. Der Schutzbereich wird danach nicht mehr einseitig durch die Objektformel und beziehungsweise oder die Regelbeispielstechnik bestimmt.

Für die Schutzbereichsbestimmung nach der Rechtsprechung des Bundesverfassungsgerichts bedeutet dies, dass ein Wandel vorliegt. Eine Abkehr von der Objektformel und der Regelbeispielstechnik hin zur Anwendung des Verhältnismäßigkeitsgrundsatzes ist gegeben und mit der Ansicht *Herdegens* zu vereinbaren.

(6) Die Bildung von Kombinationsgrundrechten in der Rechtsprechung des Bundesverfassungsgerichts

Weiterhin muss in diesem Rahmen ein Blick auf die Bildung von Kombinationsgrundrechten geworfen werden. Ein Großteil der Würderechtsprechung des Bundesverfassungsgerichts vollzieht sich im Zusammenhang mit der Überprüfung anderer Grundrechte. In Verbindung mit Art. 2 Abs. 1 GG hat dies zur Herausbildung des Allgemeinen Persönlichkeitsrechts geführt. Weiterhin ist, insbesondere hinsichtlich der Problematik in der Biomedizin, die Zusammenführung von Art. 1 Abs. 1 GG und Art. 2 Abs. 2 Satz 1 GG zu beachten. Diese Vorgehensweise ist nicht kritikfrei. Im Hinblick auf die Herausforderungen der Menschenwürdenorm im Zusammenhang mit der modernen Biomedizin, sind die Stimmen, die eine Entkopplung der Gewährleistungsgehalte fordern, nicht zu überhören. Eine Auseinandersetzung mit dieser Forderung ist daher für diese Arbeit unerlässlich. Herauszufinden ist dabei, welche Bedeutung eine Entkopplung für die Festlegung des sachlichen Schutzgegenstandes des Art. 1 Abs. 1 GG mit sich bringt.

(a) Die Bildung des Allgemeinen Persönlichkeitsrechts

Zunächst soll nun auf die Schöpfung des Allgemeinen Persönlichkeitsrechts eingegangen werden. Dabei soll sich insbesondere der Frage gewidmet werden, ob diese rechtliche Kreation überhaupt erforderlich ist oder nicht vielmehr eine Entkopplung der Schutzbereiche als geboten erscheint.

Das in der Rechtsprechung des Bundesverfassungsgerichts entwickelte Allgemeine Persönlichkeitsrecht ist rechtlich in Art. 2 Abs. 1 GG i.V.m. Art. 1 Abs. 1 GG niedergelegt. Art. 2 Abs. 1 GG bildet dabei die Grundlage, denn wie auch das Grundrecht der allgemeinen Handlungsfreiheit, das jegliches menschliches Handeln vor staatlichen Eingriffen schützt, umfasst auch das Allgemeine Persönlichkeitsrecht alle Lebensbereiche. Die Verbindung mit Art. 1 Abs. 1 GG erklärt sich daraus, dass mit dem Recht auf freie Entfaltung der Persönlichkeit ein Aspekt der Subjektivität des Menschen geschützt wird und die Menschenwürdegarantie auch die Subjektqualität des Einzelnen schützt.[330] Art. 1 Abs. 1 GG bildet in dieser Verbindung allerdings nur den Auslegungsmaßstab für die Ermittlung der Reichweite und des Umfangs des gewährleisteten Schutzes. Eine andere Rolle des Art. 1 Abs. 1 GG würde hingegen dazu führen, dass Beschränkungen aufgrund des absoluten Kernbereichs der Menschenwürde – unabhängig davon wie man diesen Kernbereich auch festlegen mag – unmöglich wären.[331]

Konkret verbürgt das Allgemeine Persönlichkeitsrecht in seinen Ausformungen Schutz für die verschiedenen Verhaltensweisen des Subjekts. Dieser Schutz gilt der Selbstbestimmung, Selbstbewahrung und Selbstdarstellung.[332] In diesem Zusammenhang bedient sich das Gericht der Sphärentheorie. Insoweit wird zwischen der Intimsphäre, in welche Eingriffe schlechthin verfassungswidrig sind und der Privatsphäre, in welche Eingriffe verfassungsrechtlich gerechtfertigt werden können, unterschieden.[333] Der innerste Bereich soll dabei durch den Menschenwürdegehalt bestimmt werden.[334]

Es lässt sich nicht von der Hand weisen, dass die rechtliche Konstruktion eines Kombinationsgrundrechts zahlreiche Schwierigkeiten mit sich bringt. Es ist fraglich, wie eine Entkopplung der Schutzbereiche des Art. 2 Abs. 1 GG i.V.m. Art. 1 Abs. 1 GG zu bewerten ist und welche Konsequenzen sich für das Allgemeine Persönlichkeitsrecht und schließlich für Art. 1 Abs. 1 GG ergeben würden.

Die Konsequenzen für den Schutz der freien Entfaltung der Persönlichkeit richten sich danach, wie man die Grundrechtskombination dogmatisch einordnet.

---

330 *Pieroth/Schlink*, Grundrechte, Rn. 373.
331 *di Fabio*, in: Maunz/Dürig, Grundgesetz, Band I, Art. 2 Abs. 1, Rn. 128.
332 *Pieroth/Schlink*, Grundrechte, Rn. 373.
333 *Pieroth/Schlink*, Grundrechte, Rn. 376.
334 Borowski, Grundrechte als Prinzipien, S. 219.

Insoweit vertritt *Martin Borowski* einen Ausgangspunkt, nach welchem zwischen echten und unechten Kombinationsgrundrechten zu differenzieren ist. Danach wäre eine Entkopplung der Schutzbereiche von Art. 2 Abs. 1 GG und Art. 1 Abs. 1 GG dann nicht möglich, wenn es sich bei dem Allgemeinen Persönlichkeitsrecht um ein echtes Kombinationsgrundrecht handele. Dann sei der Schutz aller Sphären auf beide Einzelgrundrechte zurückzuführen, so dass diese in jeder Sphäre zusammenwirkten.[335] Dies entspreche der Rechtsprechung des Bundesverfassungsgerichts. Denn es sei gerade ein neues, unbenanntes Freiheitsrecht geschaffen worden. In anderen Fällen hingegen, in denen das Gericht Grundrechte zusammenführe, diene dies nur argumentativen Zwecken.[336] Folglich kann der Schutz der Persönlichkeit ohne die Grundrechtskombination in diesem Umfang nicht gewährleistet werden.

Gegen die Ansicht *Borowskis* spricht jedoch, dass Grundrechte nach den oben ermittelten maßgeblichen verfassungsrechtlichen Vorgaben in der Verfassung schriftlich fixiert sein müssen. Insoweit wurde sich dafür ausgesprochen, nicht wie etwa im Völkerrecht mit der Schaffung neuer Rechte auf die veränderten Lebensumstände zu reagieren, sondern die gegebenen Grundrechte einem interpretatorischen Wandel zu unterwerfen und somit auf neue Herausforderungen anzupassen. Für den Schutz der freien Entfaltung der Persönlichkeit bedeutet dies, dass die normierten Grundrechte ihren Schutzumfang für sich entfalten müssen.

Dies wäre auch möglich und ausreichend gewesen. Art. 1 Abs. 1 GG hätte zur Begründung eines verfassungsrechtlich geschützten Persönlichkeitsrechts nämlich schon deshalb nicht herangezogen werden müssen, weil Art. 2 Abs. 1 GG nicht nur die aktive Entfaltung der Persönlichkeit, sondern auch deren Schutz vor Angriffen garantiert. Der Kunstgriff, den weiten Schranken aufgrund der Zusammenführung mit Art. 1 Abs. 1 GG zu entgehen, kann nicht unterstützt werden. Auf diese Art und Weise wird sich über eindeutige Vorgaben hinweggesetzt, was eine Gefahr für die Rechtssicherheit darstellt. Eine Verengung der Schranken des Art. 2 Abs. 1 GG hätte im Wege der Auslegung erreicht werden müssen.[337]

Denn die Folgen der Kombination für Art. 1 Abs. 1 GG rechtfertigen das erlangte Ziel nicht. Art. 1 Abs. 1 GG wird instrumentalisiert und die Einschlägigkeit der Menschenwürdegarantie wird übertrieben. Ein derart leichtfertiges Umgehen mit dem höchsten Grundrecht, das unsere Verfassung kennt, führt zur rechtlichen Banalität der Normierung. Art. 1 Abs. 1 GG verliert durch inflationäre Handhabung an Durchschlagkraft und wird zu einem Grundrecht, wie jedes

---

335 Borowski, Grundrechte als Prinzipien, S. 220.

336 Borowski, Grundrechte als Prinzipien, S. 220 f.

337 *Starck*, in: von Mangoldt/Klein/Starck, Grundgesetz, Band I, Art. 2 Abs. 1, Rn. 56 f; so auch *di Fabio*, in: Maunz/Dürig, Art. 2 Abs. 1, Rn. 128 und 130.

andere auch. Die Norm sollte allerdings nur dann herangezogen werden, wenn es unausweichlich ist. In einem solchen Fall ist es ferner erforderlich, die Konkretisierung des Grundrechts auf Achtung und Schutz der Menschenwürde voranzutreiben, hingegen nicht die Norm als Anhängsel zu bemühen, wobei der Nutzen nur aus der normierten Unantastbarkeit gezogen werden soll. Folglich kann die rechtliche Fundierung des Allgemeinen Persönlichkeitsrechts in Art. 2 Abs. 1 GG i.V.m. Art. 1 Abs. 1 GG im Hinblick auf eine Schutzbereichsbestimmung der Menschenwürdegarantie nicht überzeugen.

(b) Die Zusammenführung von Art. 1 Abs. 1 GG und Art. 2 Abs. 2 Satz 1 GG

Neben der Schöpfung des Allgemeinen Persönlichkeitsrechts hat das Bundesverfassungsgericht Art. 1 Abs. 1 GG mit Art. 2 Abs. 2 Satz 1 GG zusammengeführt und so ein weiteres Kombinationsgrundrecht geschaffen. Diese Zusammenführung lässt sich darüber rechtfertigen, dass es aufgrund des weiten Gesetzesvorbehalts aus Art. 2 Abs. 2 Satz 3 GG keinen absoluten Lebensschutz gibt. Dies kann aber erreicht werden, indem man sich der Zusammenführung mit der unantastbaren Menschenwürde bedient.

Zu klären ist dabei zunächst, welche Gründe sich für das Zusammenführen der Schutzgehalte von Art. 1 Abs. 1 GG und Art. 2 Abs. 2 Satz 1 GG und damit gegen die Forderung nach der Entkopplung finden lassen. Soweit man dazu die Rechtsprechung des Bundesverfassungsgerichts in den Schwangerschaftsabbruchentscheidungen heranzieht, könnte eine Bezugnahme auf Art. 1 Abs. 1 GG daraus resultieren, dass somit die Abtreibungsvorschriften einer Ausgestaltung durch den einfachen Gesetzgeber entzogen sind, ja sich wegen Art. 79 Abs. 3 GG sogar eine Verfassungsänderung verbietet.

Ein weiterer Grund für die Zusammenführung könnte in der dogmatischen Lehre von der staatlichen Schutzpflicht liegen. Art. 1 Abs. 1 GG enthält insoweit eine eindeutige staatliche Verpflichtung zum Schutze der Menschenwürde, so dass auf eine Anerkennung einer Dimension der staatlichen Schutzpflicht verzichtet werden konnte.[338]

Hinsichtlich Art. 1 Abs. 1 GG lässt sich feststellen, dass möglicherweise nur durch eine Entkopplung sicherzustellen ist, dass der Gewährleistungsgehalt der Menschenwürdegarantie in vollem Umfang zur Geltung kommt. Konkret betrifft dies den Embryonenschutz im Rahmen der biomedizinischen Forschung. Art. 1 Abs. 1 GG und auch Art. 2 Abs. 2 Satz 1 GG erfassen ihrem Schutzumfang nach den Embryo. Allerdings hilft eine Zusammenführung hier nicht weiter. Beide

338 *Dreier*, in: DÖV 1995, 1036 (1040).

Schutzbereiche müssen vielmehr getrennt voneinander bestimmt werden.[339] Darüber hinaus ist es gerade für die Darstellung des Art. 1 Abs. 1 GG als Grundrecht von großer Bedeutung, in Abgrenzung zu den Gewährleistungsgehalten der anderen Grundrechte und dabei insbesondere des Art. 2 Abs. 2 Satz 1 GG, den Anspruchsumfang festmachen zu können. Zum Teil wird die Zusammenführung mit dem Erfordernis einer *vitalen Basis* für die Würde begründet. Sicherlich ist es richtig, dass die Menschenwürde eines personalen Trägers bedarf, mithin das Leben die „vitale Basis der Menschenwürde" ist.[340] Dies ergibt sich allerdings bereits aus dem Begriff der *Menschen*würde selbst. Damit kann eine Zusammenführung nicht mit dem Erfordernis einer „vitalen Basis" der Würde begründet werden, denn dann werden Lebensschutz und Würdeschutz identifiziert.

Es ist auch deshalb fragwürdig, dass in der Rechtsprechung des Gerichts Würdegarantie und Lebensschutz identifiziert werden, weil schließlich die Beeinträchtigung des einen Schutzgutes nicht notwendigerweise die Betroffenheit des anderen Schutzgutes mit sich bringt. So gibt es durchaus Menschenwürdeverletzungen, die weder einen Verlust des Lebens bedingen, noch überhaupt eine Beeinträchtigung des körperlichen Wohlbefindens. So etwa die Fälle schwerer rechtlicher Diskriminierungen. Weiterhin bedeutet auch der Verlust des Lebens nicht zwangsläufig eine Verletzung der Menschenwürde. Schlussendlich lässt sich damit festhalten, dass das Leben zwar die „vitale Basis" der Menschenwürde ist, aber die Beeinträchtigung oder Beseitigung des Lebens nicht jedenfalls eine Verletzung von Art. 1 Abs. 1 GG darstellt.[341]

Es lassen sich noch weitere systematische Erwägungen anstellen, die eine Entkopplung von Art. 1 Abs. 1 GG und Art. 2 Abs. 2 Satz 1 GG indizieren: Schon ein Blick auf Art. 79 Abs. 3 GG zeigt, dass die Schutzbereiche beider Artikel auseinandergehalten werden müssen. Außerdem ist die Menschenwürde absolut geschützt und keinerlei Einschränkungen unterworfen. Die Verknüpfung von Art. 1 Abs. 1 GG und Art. 2 Abs. 2 Satz 1 GG verbirgt den Wesensunterschied der Struktur beider Grundrechte. Sich die Besonderheit des Art. 1 Abs. 1 GG zu Nutze zu machen, erscheint willkürlich.

Die wenig wünschenswerten Konsequenzen der Kopplung für Art. 1 Abs. 1 GG an sich sind auch nicht aus den Augen zu verlieren. Nachdem es bei der historisch konsolidierten Definition des Inhalts der Menschenwürde nicht geblieben ist, die Norm vielmehr eine gewisse Breitenwirkung entwickelt hat und dadurch im juristischen Alltag mehr zur Geltung gekommen ist, leistet das Bundesverfassungsgericht dieser Omnipräsenz der Menschenwürde weiter Vorschub, in-

339 *Schmidt-Jortzig*, DÖV 2001, 925 (926); a.A. *Hain*, in: Der Staat 2006, 189 (203).

340 *Dreier*, in: DÖV 1995, 1036 (1037).

341 *Dreier*, in: DÖV 1995, 1036 (1037 und Anm. 11).

dem es den Menschenwürdesatz mit weiteren Grundrechtsbestimmungen verklammert. Für Art. 1 Abs. 1 GG i.V.m. Art. 2 Abs. 2 Satz 1 GG bedeutet das konkret, dass eine Entkopplung die Omnipräsenz eindämmen würde. Dies zeigt sich schon im Feld der Biomedizin, in welchem sich der Embryonenschutz vorrangig nach Art. 2 Abs. 2 Satz 1 GG richten würde. Die Menschenwürdegarantie wäre im Feld der Biomedizin indes nur dann heranzuziehen, wenn weder Art. 2 Abs. 2 Satz 1 GG noch ein anderes spezielleres Freiheitsrecht ein Problem ausreichend bewältigen könnten.[342]

(7) Zusammenfassung

Demnach lässt sich zusammenfassend festhalten, dass es der Verbindung mit Art. 2 Abs. 1 GG zum Schutze der Persönlichkeit nicht bedurft hätte, um einen ausreichenden Schutz zu erreichen. Weiterhin ist verfassungsrechtlicher Schutz vorgeburtlichen Lebens (bis zur Nidation) auch über Art. 2 Abs. 2 Satz 1 GG ausreichend gewährleistet. Art. 1 Abs. 1 GG darf nicht instrumentalisiert und damit der Gefahr der rechtlichen Bedeutungslosigkeit ausgesetzt werden. Die Grundrechte müssen vielmehr ihr Schutzvermögen gesondert voneinander entfalten und soweit neue Herausforderungen dies erfordern, ist ein Grundrecht im Wege der Auslegung weiter zu entwickeln. Dies verlangt nicht zuletzt der Gedanke der Rechtssicherheit.

dd) Stellungnahme und Ergebnis

Für die Frage der Schutzbereichsbestimmung eines Grundrechts auf Achtung und Schutz der Menschenwürde ergibt sich mithin folgendes Ergebnis:

Eine positive Interpretation des Schutzbereichs konnte nicht überzeugen. Die Ansätze sind zu vage und können auf neue Gefahren für die Würde nicht ausreichend flexibel reagieren.

Der Ansatz *Herdegens* bietet hingegen eine befriedigende Schutzbereichsbestimmung. Den Erfordernissen, die eine konsensfähige Schutzbereichsinterpretation verlangt – also eine rein positive Interpretation, Bewältigung neuer Gefahrenlagen, Rechtsgewissheit und damit Erkennbarkeit von Grenzen und Umfang des Rechts für den Einzelnen – wird Rechnung getragen. Durch das Vorgehen nach *Herdegen* wird darüber hinaus eine Annäherung an die grundrechtsdogmatischen Strukturen erreicht. Art. 1 Abs. 1 GG ist für sich zu bestimmen und dies kann heute nicht mehr nach tradiertem Verständnis erfolgen, da insoweit auf neue Gefahrenlagen nicht reagiert werden kann.

342 *Haßmann*, Embryonenschutz, S. 84.

Es ließ sich auch in der Rechtsprechung des Bundesverfassungsgerichts ein Wandel feststellen, der eine Abkehr von der alleinigen Anwendung der Regelbeispielstechnik und der Objektformel mit sich bringt.

Weiterhin konnte im Rahmen der Bildung von Grundrechtskombinationen festgestellt werden, dass eine Entkopplung stattzufinden hat.

2. Eingriff in den Schutzbereich

Dem üblichen grundrechtlichen Prüfungsschema folgend, ist auf einer zweiten Stufe der Eingriff in den Schutzbereich zu prüfen. Vorab ist darauf hinzuweisen, dass dieser Prüfungsschritt konsequent nur von demjenigen vollzogen werden kann, der eine positive Schutzbereichsfestlegung vornimmt, denn die Negativinterpretation kennzeichnet sich gerade dadurch dass bereits der Schutzbereich über den Eingriff definiert wird. Damit verwischen die Grenzen und die Prüfungsschritte werden in einem vollzogen.

Vor etwaigen Eingriffen wird die Menschenwürde in zweierlei Hinsicht geschützt. Zum einen ist normiert, dass die Menschenwürde *zu achten* ist und zum anderen dass sie *zu schützen* ist. Dies ist Aufgabe *aller Staatsgewalt*. Der Staat ist demnach Verpflichteter. Durch die Differenzierung zwischen dem Achtungsgebot und der Schutzpflicht wird zum Ausdruck gebracht, dass es sich bei Art. 1 Abs. 1 GG sowohl um ein Freiheitsrecht als auch um eine staatliche Schutzpflicht handelt.

3. Unantastbarkeit der Menschenwürde

Die Würde des Menschen ist unantastbar. Damit verbietet sich jegliche Rechtfertigung. Folglich kann dieser Prüfungspunkt nicht vollzogen werden, Eingriffe in die Menschenwürde sind per se nicht zu rechtfertigen. Insoweit wird deutlich, warum eben nur eine weitgehende Annäherung an die grundrechtsdogmatischen Strukturen möglich ist. Soweit eine würdeimmanente Abwägung auf der Schutzbereichsebene vorgenommen wird, geht es eben nicht darum, einen Eingriff zu rechtfertigen, sondern – vorgelagert – um die Frage, ob ein Engriff überhaupt vorliegt. Daher wird erreicht, dass der den Grundrechten innewohnende Abwägungsprozess Anwendung findet, und damit ja auch erst die Anwendbarkeit des Grundrechts auf Menschenwürde gesichert ist, aber zugleich kein Verstoß gegen den eindeutigen Wortlaut vorliegt.

III. Schlussbetrachtung

Im Rückblick lassen sich nun die folgende Erkenntnisse festhalten: zunächst handelt es sich bei Art. 1 Abs. 1 GG um ein Grundrecht. Dies ist nicht nur aufgrund einer Auslegung des Art. 1 GG selbst der Fall, denn insoweit muss nämlich eingestanden werden, dass auch widerstreitende Auslegungsergebnisse plausibel zu vertreten waren. Vielmehr noch erfüllt Art. 1 Abs. 1 GG auch die elementaren Charakteristika, die allen grundrechtlichen Normierungen gemein sind. Diese liegen darin, dass es sich bei einem Grundrecht des Grundgesetzes um ein schriftlich fixiertes elementares Recht des Individuums handelt, dass gegen den Staat im Wege der Verfassungsbeschwerde durchsetzbar ist.

An die Festlegung der Grundrechtsnatur des Art. 1 Abs. 1 GG schloss sich eine Bewertung der Konkretisierungsansätze zu Art. 1 Abs. 1 GG an. In Literatur und Rechtsprechung werden dazu unterschiedliche Ansichten vertreten, die sich grob als positive und negative Definitionsansätze kategorisieren lassen. In der Rechtsprechung wurde bisher eine Überprüfung einer Menschenwürdeverletzung anhand der Regelbeispielstechnik und der Objektformel vorgenommen. Die in Literatur und Rechtsprechung vertretenen Ansichten waren insbesondere im Blickwinkel neuer Herausforderungen, wie etwa aus dem Bereich der biomedizinischen Forschung, zu beurteilen. Im Ergebnis konnte festgestellt werden, dass weder die Regelbeispielstechnik noch die Objektformel neue Herausforderungen zu bewältigen vermögen. Insofern versuchte auch das Bundesverfassungsgericht die Schwächen der Formel zu beheben und ging zu der so genannten Subjektformel über. Dies ist zu begrüßen. Denn ein Festhalten an der Objektformel führt dazu, dass die Menschenwürdenorm für subjektive Vorstellungen instrumentalisiert und „zur kleinen Münze" gemacht wird. Hiermit geht dann auch die Forderung nach der Entkopplung des Art. 1 Abs. 1 GG mit Art. 2 Abs. 1 GG und Art. 2 Abs. 2 Satz 1 GG einher. Nur eine Entkopplung führt dazu, dass Art. 1 Abs. 1 GG sein Schutzvermögen einständig entfalten kann und einer inflationären Handhabung Einhalt geboten wird.

Art. 1 Abs. 1 GG ist das stärkste Grundrecht unseres Grundgesetzes. Es darf nicht zu einer Leerformel verkommen. Daher ist eine rein positiv-rechtliche Definition erforderlich, nicht zuletzt aufgrund des veränderten Gesellschaftsbildes hin zu einer offenen, pluralistischen Gesellschaft, der gemeinsame religiöse oder moralische Vorstellungen nicht aufdiktiert werden können. Das Grundrecht auf Achtung und Schutz der Menschenwürde muss dem Menschen als handhabbares Grundrecht zukommen. In diesem Sinne ist die Anwendung des Grundrechts im Sinne der Thesen *Herdegens* zu befürworten.

Literaturverzeichnis

Baldus, Manfred: Überwachungsrecht unter Novellierungsdruck in: Peter Schaar (Hrsg.), Folgerungen aus dem Urteil des Bundesverfassungsgerichts zur akustischen Wohnraumüberwachung: Staatliche Eingriffsbefugnisse auf dem Prüfstand? – Tagungsband zum Symposium des Bundesbeauftragten für den Datenschutz am 8. November 2004 in Berlin, S. 9 ff.

Birnbacher, Dieter: Menschenwürde – abwägbar oder unabwägbar?, in: Matthias Kettner (Hrsg.), Biomedizin und Menschenwürde, Frankfurt am Main 2004, S. 249 ff.

Böckenförde, Ernst-Wolfgang: Verlust des Standhaften in jeder Hinsicht – Das Bild des Menschen im gegenwärtigen Recht, in: FAZ vom 27. Juli 2001, S. 7

–: Die Würde des Menschen war unantastbar – Abschied von den Verfassungsvätern: Die Neukommentierung von Artikel 1 des Grundgesetzes markiert einen Epochenbruch, in: FAZ vom 03. September 2003, S. 33

Borowski, Martin: Grundrechte als Prinzipien – Die Unterscheidung von prima facie-Position und definitiver Position als fundamentaler Konstruktionsgrundsatz der Grundrechte, Baden-Baden 1998

Bucher, Peter: Der Verfassungskonvent auf Herrenchiemsee, in: Deutscher Bundestag (Hrsg.), Der Parlamentarische Rat 1948 – 1949, Akten und Protokolle, Band 2, Boppard am Rhein 1981

Dolzer, Rudolf / *Vogel*, Klaus / *Graßhof*, Karin (Hrsg.): Bonner Kommentar zum Grundgesetz, Band 1, Einleitung - Art. 4, Heidelberg, Stand: Februar 2007

Dreier, Horst: Menschenwürdegarantie und Schwangerschaftsabbruch, in: DÖV 1995, 1036 ff.

–: Konsens und Dissens bei der Interpretation der Menschenwürde – Eine verfassungsrechtliche Skizze, in: Christian Geyer (Hrsg.), Biopolitik – Die Positionen, Frankfurt am Main 2001, S. 232 ff.

–: Stufungen des vorgeburtlichen Lebensschutzes, in: ZRP 2002, 377 ff.

–: Bedeutung und systematische Stellung der Menschenwürde im deutschen Grundgesetz, in: Kurt Seelmann (Hrsg.), Menschenwürde als Rechtsbegriff – Tagung der Internationalen Vereinigung für Rechts- und Sozialphilosophie (IVR), Schweizer Sektion Basel, 25. bis 28. Juni 2003, Stuttgart 2004, S. 33 ff.

–: (Hrsg.),Grundgesetz Kommentar, Band I, Präambel, Artikel 1-19, 2. Aufl., Tübingen 2004

Dürig, Günter: Die Menschenauffassung des Grundgesetzes, in: JR 1952, 259 ff.
–: Der Grundrechtssatz von der Menschenwürde – Entwurf eines praktikablen Wertsystems der Grundrechte aus Art. 1 Abs. I in Verbindung mit Art. 19 Abs. II des Grundgesetzes, in: AöR 81 (1956), 117 ff.

Eisner, Carolin: Die Schrankenregelung der Grundrechtecharta der Europäischen Union – Gefahr oder Fortschritt für den Grundrechtsschutz in Europa?, Baden-Baden 2005

Ekardt, Felix / *Kornack*, Daniel: Embryonendebatte auf verfassungsrechtlichen Abwegen?, in: KritV 2006, 349 ff.

Enders, Christoph: Die Menschenwürde in der Verfassungsordnung: zur Dogmatik des Art. 1 GG, Tübingen 1997

di Fabio, Udo: Der Schutz der Menschenwürde durch Allgemeine Programmgrundsätze – Rechtsgutachten, München 1999

Fechner, Erich: Menschenwürde und generative Forschung und Technik – eine rechtstheoretische und rechtspolitische Untersuchung, in: JZ 1986, 653 ff.

Feldkamp, Michael F.: Der Parlamentarische Rat 1948-1949: die Entstehung des Grundgesetzes, Göttingen 1998

Geddert-Steinacher, Tatjana: Menschenwürde als Verfassungsbegriff: Aspekte der Rechtsprechung des Bundesverfassungsgerichts zu Art. 1 Abs. 1 Grundgesetz, Berlin 1990

Gusy, Christoph: Lauschangriff und Grundgesetz, in: JuS 2004, 457 ff.

Häberle, Peter: Methoden und Prinzipien der Verfassungsinterpretation – ein Problemkatalog, in: Revue Européenne de droit public 2000, 867 ff.
–: Die Menschenwürde als Grundlage der staatlichen Gemeinschaft, in: Josef Isensee / Paul Kirchhof (Hrsg.), Handbuch des Staatsrechts der Bundesrepublik Deutschland, Band II, 3. Aufl., Heidelberg 2004, § 22, S. 317 ff.

Hailbronner, Kay: Der Staat und der Einzelne als Völkerrechtssubjekte, in: Wolfgang Graf Vitzthum (Hrsg.), Völkerrecht, 3. Aufl., Berlin 2004

Hain, Karl-E.: Konkretisierung der Menschenwürde durch Abwägung?, in: Der Staat 2006, 189 ff.

Haßmann, Holger: Embryonenschutz im Spannungsfeld internationaler Menschenrechte, staatlicher Grundrechte und nationaler Regelungsmodelle zur Embryonenforschung, Berlin 2003

Hector, Pascal: Die Charta der Grundrechte der Europäischen Union, in: Jürgen Bröhmer (Hrsg.), Der Grundrechtsschutz in Europa – Wissenschaftliches Kolloquium aus Anlass des 65. Geburtstages von Prof. Dr. Dr. Dr. h.c. mult. Georg Ress, Baden-Baden 2002, S. 180 ff.

Herdegen, Matthias: Die Menschenwürde im Fluss des bioethischen Diskurses, in: JZ 2001, 773 ff.

–: Der Würdeanspruch des Embryo *in vitro* – zur bilanzierenden Gesamtbetrachtung bei Art. 1 Abs. 1 GG, in: Alfred Söllner / Wolfgang Gitter / Raimund Waltermann / Richard Giesen / Oliver Ricken (Hrsg.), Gedächtnisschrift für Meinhard Heinze, München 2005, S. 357 ff.

Hesse, Konrad: Grundzüge des Verfassungsrechts der Bundesrepublik Deutschland, 20. Aufl., Heidelberg 1995

Heun, Werner: Embryonenforschung und Verfassung – Lebensrecht und Menschenwürde des Embryos, in: JZ 2002, 517 ff.

Hofer, Florian: Die ideengeschichtlichen Quellen der Grundrechte des Grundgesetzes, Konstanz 2005

Höfling, Wolfram: Die Unantastbarkeit der Menschenwürde – Annäherungen an einen schwierigen Verfassungsrechtssatz, in: JuS 1995, 857 ff.

Hofmann, Hasso: Biotechnik, Gentherapie, Genmanipulation – Wissenschaft im rechtsfreien Raum?, in: JZ 1986, 253 ff.

–: Die versprochene Menschenwürde, in: AöR 118 (1993), 353 ff.

Hollmann, Michael: Entwürfe zum Grundgesetz, in: Deutscher Bundestag (Hrsg.), Der Parlamentarische Rat 1948 – 1949, Akten und Protokolle, Band 7, Boppard am Rhein 1995

Hufen, Friedhelm: Erosion der Menschenwürde?, in: JZ 2004, 313 ff.

Isensee, Josef: Grundrechtsvoraussetzungen und Verfassungserwartungen an die Grundrechtsausübung, in: Josef Isensee/Paul Kirchhof, Handbuch des Staatsrechts, Band V, Heidelberg 2000, § 115, S. 353 ff.

–: Menschenwürde: die säkulare Gesellschaft auf der Suche nach dem Absoluten, in: AöR 131 (2006), 173 ff.

Jaber, Dunja: Über den mehrfachen Sinn von Menschenwürde-Garantien – Mit besonderer Berücksichtigung von Art. 1 Abs. 1 Grundgesetz, Frankfurt am Main, 2003

Jarass, Hans D. / *Pieroth*, Bodo: Grundgesetz für die Bundesrepublik Deutschland – Kommentar, 8. Aufl., 2006

Junk, Daniel: Embryonale Forschung aus der Perspektive des kantischen Begriffs der Menschenwürde, Tübingen 2006

Krawietz, Werner: Gewährt Art. 1 Abs. 1 GG dem Menschen ein Grundrecht auf Achtung und Schutz seiner Würde? in: Dieter Wilke/ Harald Weber (Hrsg.), Gedächtnisschrift für Friedrich Klein, München 1977, S. 245 ff.

Lorz, Ralph Alexander: Modernes Grund- und Menschenrechtsverständnis und die Philosophie der Freiheit Kants – Eine staatstheoretische Untersuchung an Maßstäben des Grundgesetzes für die Bundesrepublik Deutschland, Marburg 1992

Luhmann, Niklas: Grundrechte als Institution: ein Beitrag zur politischen Soziologie, 4. Aufl., Berlin 1999 *von Mangolt*, Hermann / *Klein*, Friedrich / *Starck*, Christian (Hrsg.): Kommentar zum Grundgesetz, Band 1: Präambel, Artikel 1 bis 19, 5. Aufl., München 2005

März, Peter /*Oberreuter*, Heinrich (Hrsg.): Weichenstellung für Deutschland: der Verfassungskonvent von Herrenchiemsee, München 1999

Maunz, Theodor / *Dürig*, Günter (Begr.): Grundgesetz Kommentar,

- Altband I, Präambel – Art. 22, München, Stand: 1958,
- Band I, Grundgesetztext – Art. 5, München, Stand: Juni 2006

Maurer, Hartmut: Allgemeines Verwaltungsrecht, 16. Aufl., München 2006

von Münch, Ingo / *Kunig*, Philip (Hrsg.): Grundgesetz-Kommentar, Band 1 (Präambel bis Art. 19), 5. Aufl., München 2000

von Münch, Ingo: Die Würde des Menschen im deutschen Verfassungsrecht, in: Jörn Ipsen / Edzard Schmidt-Jortzig (Hrsg.), Recht – Staat – Gemeinwohl, Festschrift für Dietrich Rauschning, Köln 2001, S. 27 ff.

Nawiasky, Hans: Die Grundgedanken des Grundgesetzes für die Bundesrepublik Deutschland – Systematische Darstellung und kritische Würdigung, Stuttgart 1950

Nettesheim, Martin: Die Garantie der Menschenwürde zwischen metaphysischer Überhöhung und bloßem Abwägungstopos, in: AöR 130 (2005), 71 ff.

Nipperdey, Hans Carl: Die Würde des Menschen, in: Franz L. Neumann / Hans Carl Nipperdey / Ulrich Scheuner (Hrsg.), Die Grundrechte – Handbuch der Theorie und Praxis der Grundrechte, Band II, Berlin 1954

Pap, Michael: Die Würde des werdenden Lebens in vitro – Verfassungsrechtliche Grenzen der extrakorporalen Befruchtung, in: MedR 1986, 229 ff.

Petersen, Niels: Auf dem Weg zur zweckrationalen Relativität des Menschenwürdeschutzes, in: Kritische Justiz 2004, 316 ff.

Pieroth, Bodo / *Schlink*, Bernhard: Grundrechte – Staatsrecht II, 22. Aufl., Heidelberg 2006

Pikart, Eberhard / *Werner*, Wolfram: Ausschuss für Grundsatzfragen, in: Deutscher Bundestag (Hrsg.), Der Parlamentarische Rat 1948 – 1949, Akten und Protokolle, Band 5, Boppard am Rhein 1993

Römelt, Josef: Menschenwürde und Freiheit – Rechtsethik und Theologie des Rechts jenseits von Naturrecht und Positivismus, Freiburg im Breisgau 2006

Sachs, Michael (Hrsg.): Grundgesetz Kommentar, 3. Aufl., München 2003

Schmidt-Jortzig, Edzard: Systematische Bedingungen der Garantie unbedingten Schutzes der Menschenwürde in Art. 1 GG – unter besonderer Berücksichtigung der Probleme am Anfang des menschlichen Lebens, in: DÖV 2001, 925 ff.

–: Rechtsfragen der Biomedizin, Berlin 2003

–: Sinti und Roma – eine Minderheit in der bundesdeutschen Gesellschaft! Maßgebliche Verfassungsvorgabe: Art. 1 GG und seine Umsetzung, in: Schleswig-Holsteinische Anzeigen 2005, 65 ff.

Seelmann, Kurt (Hrsg.): Menschenwürde als Rechtsbegriff – Tagung der internationalen Vereinigung für Rechts- und Sozialphilosophie (IVR), Schweizer Sektion Basel, 25. bis 28. Juni 2003, Stuttgart 2004

Stern, Klaus: Das Staatsrecht der Bundesrepublik Deutschland, Band III/1, Allgemeine Lehren der Grundrechte, München 1988

Suppé, Rüdiger: Die Grund- und Menschenrechte in der deutschen Staatslehre des 19. Jahrhunderts, Berlin 2004

Tjaden, Markus: Genanalyse als Verfassungsproblem: Zulässigkeit genanalytischer Anwendungen im Lichte von Menschenwürde und genetischem Selbstbestimmungsrecht, Frankfurt am Main 2001

Wagner, Johannes Volker: Vorgeschichte, in: Deutscher Bundestag (Hrsg.), Der Parlamentarische Rat 1948 – 1949, Akten und Protokolle, Band 1, Boppard am Rhein 1975

Wahl, Rainer: Elemente der Verfassungsstaatlichkeit, in: JuS 2001, 1041 ff.

Zaar, Peter: Wann beginnt die Menschenwürde nach Art. 1 GG?, Baden-Baden 2005

FSC
www.fsc.org
MIX
Papier | Fördert
gute Waldnutzung
FSC® C083411

Kolibri 360 GmbH
Ferdinand-Jühlke-Straße 7
99095 Erfurt, Deutschland
produktsicherheit@kolibri360.de

Druck:
CPI Druckdienstleistungen GmbH
im Auftrag der
Kolibri 360 GmbH
Ferdinand-Jühlke-Str. 7
99095 Erfurt